300 questions pour (re)découvrir la Bretagne en s'amusant

OLIVIER LECOLLINET

LES BEAUX JOURS

À Emilia, grand-mère de la tradition.

À Alain Guillarme, cœur breton à l'origine de bien des vocations, à son formidable travail associatif, et à Nicole bien sûr.

À Patrick Le Roch, au bonheur de partager ses valeurs et sa grande culture bretonne, et à Marie bien sûr.

À Jean-Pierre Hiberty, mon webmestre préféré sans qui ce Breizh Quiz *n'aurait peut-être jamais été réalisé.*

À ceux qui, d'une manière ou d'une autre, m'ont enseigné et m'enseignent encore la pratique de la bombarde.

À tous les musiciens et danseurs de l'association Armor Argoat Franconville.

BREIZH QUIZ

Sommaire

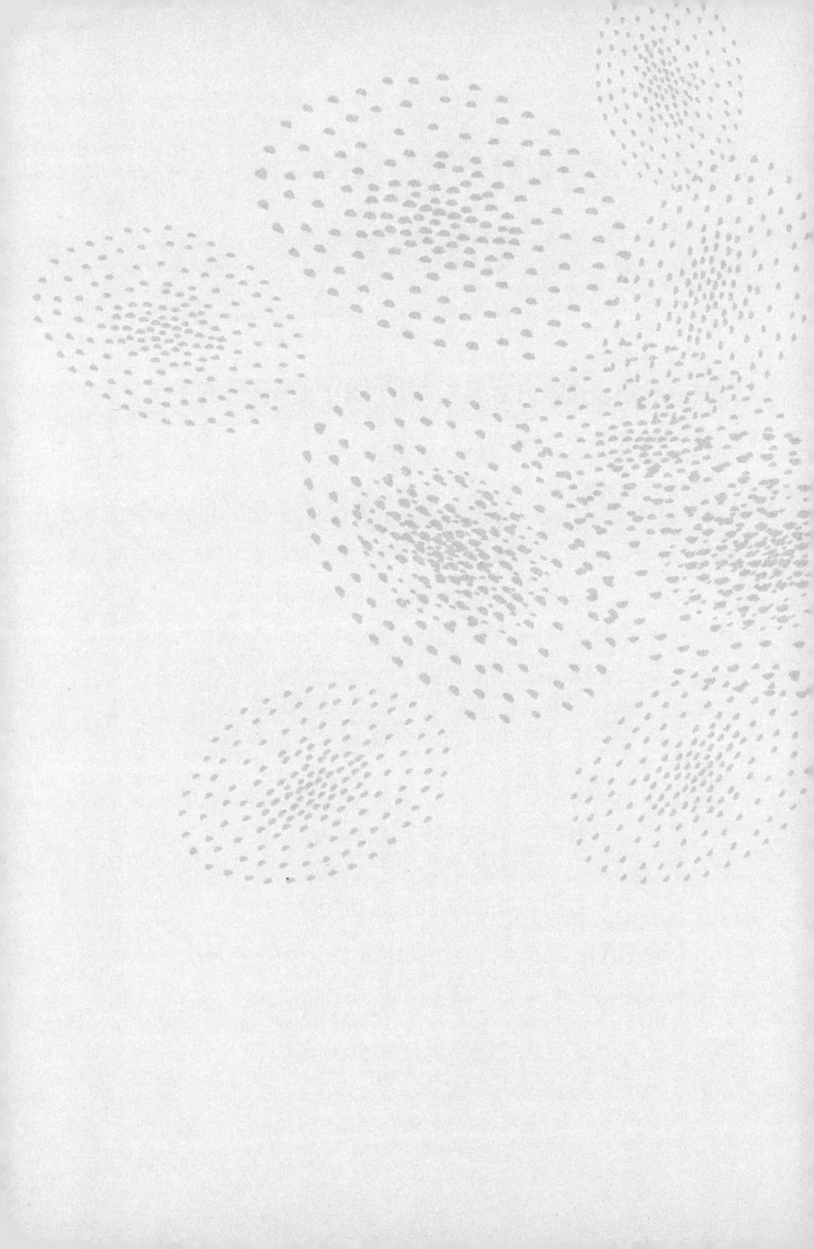

Que représente la proëlla à Ouessant ?
Qui sont Babouin et Babouine ? Que pratiquait, autrefois, le « bazvalan » ?...

Sortons des sentiers battus et partons à la découverte d'une Bretagne insolite et différente.

Des embruns des bords de mer à la douceur des îles, des landes habitées par de bien étranges créatures aux ruelles pavées des riches cités bâties par des hommes au caractère affirmé, la Bretagne a toujours de quoi surprendre !

300 questions, agrémentées chacune de trois propositions de réponse dont une seule est exacte, jalonnent un parcours décidément riche en découvertes inattendues.

1

Traditions et symboles

1. Le nom de nombreuses communes bretonnes contient le préfixe *Plou*. Que signifie ce terme ?

a. maison
b. paroisse
c. route

2. Quelle fête folklorique se déroule-t-elle chaque année au mois d'août à Guingamp ?

a. la Saint-Bernard
b. la Saint-Loup
c. la Saint-Laurent

3. Quel jour est-il traditionnellement réservé à la consommation des galettes ?

a. le lundi
b. le mercredi
c. le vendredi

4. La Bretagne est une véritable terre de cyclisme dont sont natifs de nombreux champions. Quelle commune de Bretagne peut s'enorgueillir d'organiser chaque année une grande course du calendrier international ?

a. Saint-Méen-le-Grand (Ille-et-Vilaine)
b. Quessoy (Côtes-d'Armor)
c. Plouay (Morbihan)

5. *Ouest-France* est le quotidien régional français ayant le plus fort tirage. Sous combien d'éditions locales est-il publié ?

a. 12
b. 22
c. 42

6. Quel animal à fourrure est-il devenu l'emblème de la Bretagne ?

a. la belette
b. le loir
c. l'hermine

7. On sait que les couleurs du drapeau breton sont le blanc et le noir. Mais à quoi correspondent ses bandes horizontales ?

a. aux anciens évêchés
b. aux plus grands ports de pêche
c. aux principales villes administratives

8. La faïence de Quimper se décline dans des lignes stylistiques bien définies. Quelles en sont les principales références ?

a. les styles Nancy et Tours
b. les styles Rouen et Nevers
c. les styles Angers et Reims

9. Le granit forme le socle du Massif armoricain. Quelle est la couleur de cette roche à Lanhélin (Ille-et-Vilaine) ?

a. vert
b. blanc
c. bleu

10. Par quel sobriquet les vendeurs d'oignons de la région de Roscoff étaient-ils désignés outre-Manche quand ils parcouraient l'Angleterre à vélo pour vendre leur production ?

a. les Froggies
b. les Johnnies
c. les Charlies

11. Quel jeu consiste à placer ses pièces en fonte au plus près du « petit » ?

a. la plaque
b. les piécettes
c. le palet

12. La lutte bretonne réunissait, et réunit encore, des pratiquants passionnés. Mais quel est le nom exact de ce sport ?

a. le gwaremm
b. la prise bretonne
c. le gouren

13. **Dans la maison bretonne, à qui était réservé le *penn ti* ?**

a. aux enfants

b. au métayer

c. aux invités

14. **Le *ti chistr* se trouvait généralement à proximité de la maison. Quelle était la fonction de ce local ?**

a. c'était une réserve à cidre

b. on y conservait les récoltes légumières

c. il abritait un atelier

15. **Dans la tradition bretonne, quel était l'office du *bazvalan* ?**

a. ce faiseur de mariages trouvait les termes d'un arrangement entre les familles

b. parrain des enfants d'une maisonnée, il avait un droit de regard sur leur éducation

c. cet ordonnateur assurait la préparation des funérailles

16. **Une grande fête, nommée *décolailles* en pays Gallo ou *koën er frailleu* en Basse-Bretagne, réunissait une fois l'an de nombreux convives. Mais que fêtait-on au juste durant ce grand repas ?**

a. le premier jour du printemps

b. la fin des moissons

c. la cuvée nouvelle de *chouchen*

17. La coiffe fait partie intégrante de la tenue vestimentaire bretonne. Où trouve-t-on les *giz Fouen* ?

a. dans le Trégor
b. dans le pays de l'Aven (Pont-Aven)
c. dans la presqu'île de Crozon

18. Quel point de dentelle a-t-il apporté à la coiffe et au costume bretons une dimension supplémentaire ?

a. le point d'Écosse
b. le point d'Irlande
c. le point de Galles

19. En pays bigouden, quelle était la charge des *tennerien neud* ?

a. réaliser les riches broderies des costumes
b. teindre le fil aux couleurs locales
c. aider les danseurs à passer leurs costumes

20. Les pays de Bretagne sont parfois associés à une couleur. Quelle ville désigne le *glazig* (petit bleu) ?

a. Quimper
b. Crozon
c. Châteaulin

21. Le pays *pagan* se trouve...

a. sur l'île d'Ouessant
b. au centre de la Bretagne
c. sur la côte nord du Finistère

22. Qui utilisait la *kap an aod* ?

a. les travailleurs du bord de mer
b. les tailleurs de pierre
c. les couturières

23. Que permettait un doris aux terre-neuvas ?

a. de ne pas se perdre dans les brumes
b. de pêcher au-dessus des bancs de poissons
c. de prodiguer les soins d'urgence en cas de nécessité

24. Les fleurs bretonnes se parent des plus belles couleurs. Sous quel nom l'hydrangea est-il plus connu ?

a. ajonc
b. hortensia
c. genêt

25. Le site de Poul-Fetan à Quistinic (Morbihan) abrite...

a. un ensemble de moulins
b. un ancien village breton restauré
c. un musée agricole

26. **Quelle ville se trouve à l'embouchure de la Vilaine ?**

a. La Roche-Bernard
b. Vannes
c. Lorient

27. **Quelle créature est donc le *kornadon*, si familier de la lande bretonne ?**

a. un petit coq de bruyère
b. un guérisseur
c. un korrigan

28. **De quel bois étaient faits les sabots bretons d'antan ?**

a. d'orme
b. de châtaignier
c. de hêtre

29. **Dans la tradition bretonne, que désignait le terme de *bragou braz* ?**

a. le parler, le bagout breton
b. un pantalon bouffant, comparable aux actuels *baggies*
c. un sac à provisions

30. **Qui est l'auteur du *Cheval d'orgueil* ?**

a. Henri Queffélec
b. Pierre-Jakez Hélias
c. Pierre Loti

2

L'Armor

1. **Quelle mer de l'océan Atlantique s'étend-elle face au Finistère ?**

a. la mer d'Iroise
b. la mer de Crozon
c. la Manche

2. **Comment se nomme la langue de terre longue de 3 kilomètres située sur la commune de Pleubian (Côtes-d'Armor) ?**

a. le sillon de Paimpol
b. le sillon d'Er
c. le sillon de Talbert

3. **La Côte des Légendes, au nord du Finistère, est aussi le pays des abers. L'Aber-Wrac'h est le plus connu. Mais quel est son voisin ?**

a. l'Aber-Bernard
b. l'Aber-Bertrand
c. l'Aber-Benoît

4. **Plus au sud se trouve l'Aber-Ildut. Quelle est sa particularité ?**

a. il est le plus long de ce secteur
b. il sépare théoriquement les eaux de la Manche de celles de l'Atlantique
c. il est bordé de moulins à marée

5. Sur la côte sud de la Bretagne, les estuaires sont appelés rias (rivières). La ria d'Étel (Morbihan) pourrait être la séduisante petite sœur du golfe du Morbihan. Quelle île se trouve-t-elle sur cette ria ?

a. l'île de Saint-Cado
b. l'île de Saint-Lunaire
c. l'île de Saint-Bonno

6. Parmi les nombreux oiseaux marins nichant sur les côtes bretonnes se distingue le macareux moine. Mais à quel signe peut-on le reconnaître ?

a. son bec tombe après les amours
b. son bec change de couleur au moment des amours
c. il arbore une crête jaune au moment des amours

7. Comment se nomme le phare élevé à la pointe de Penmarch ?

a. le phare du Four
b. le phare de la Jument
c. le phare d'Eckmühl

8. Combien de kilomètres les côtes bretonnes totalisent-elles de la baie du Mont-Saint-Michel à l'estuaire de la Loire ?

a. 600
b. 900
c. 1 200

9. **Dans le vocabulaire marin, qu'est-ce que le marnage ?**

a. la vitesse estimée d'une marée montante
b. la différence de hauteur d'eau entre une pleine mer et une basse mer
c. un calcul permettant de définir l'heure d'arrivée d'un bateau au port

10. **Comment se nomme l'embarcation à fond plat utilisée par les pêcheurs aux casiers ?**

a. le dundee
b. le sinagot
c. la pinasse

11. **Entre Saint-Malo et Cancale (Ille-et-Vilaine), la plage de Rothéneuf présente une particularité. Laquelle ?**

a. on y trouve des grottes sous-marines
b. ses rochers sont sculptés
c. son sable est rouge

12. **Quelle nouveauté Augustin Fresnel a-t-il apportée à la navigation au XIXe siècle ?**

a. un système de communication par miroirs entre les bateaux
b. l'almanach du marin breton
c. l'éclairage puissant des phares de mer

13. **À proximité de quelle ville se trouve la pointe du Roselier ?**

a. Saint-Brieuc

b. Lorient

c. Concarneau

14. **Sur l'échelle de Beaufort, graduée de 0 à 12, à quel vent correspond le niveau 7 ?**

a. bonne brise

b. grand frais

c. fort coup de vent

15. **Qu'est-ce qu'un lançon, pour un pêcheur à pied ?**

a. un pic servant à fouiller les rochers

b. un poisson de sable, long et effilé

c. un coquillage proche de la palourde

16. **La pointe de Penhir, située sur la presqu'île de Crozon, est aisément identifiable à ses rochers exposés aux éléments. Comment les nomme-t-on ?**

a. les Tas de Pois

b. les Tas de Noix

c. les Tas de Bois

17. **Pour un marin breton, qu'est-ce que la carte SHOM ?**

a. la carte d'immatriculation du bateau

b. la carte de déclaration de pêche

c. une carte marine détaillée

18. **À quelle vitesse un fou de Bassan en action de pêche pénètre-t-il dans l'eau ?**

a. 60 km/h

b. 80 km/h

c. 100 km/h

19. **Quel département est-il concerné par l'aphorisme : « enfer de Plougrescant, paradis du Port-Blanc » ?**

a. les Côtes-d'Armor

b. le Morbihan

c. le Finistère

20. **Quelles localités gardent-elles l'entrée du golfe du Morbihan ?**

a. Sarzeau et Larmor-Baden

b. Vannes et Arradon

c. Port-Navalo et Locmariaquer

21. Cette voisine de la pointe du Raz permet d'admirer sa grande sœur depuis ses rochers. Quelle est-elle ?

- **a.** la pointe du Millier
- **b.** la pointe de Brézellec
- **c.** la pointe du Van

22. Quelles sont les couleurs des canots de sauvetage de la SNSM (Société nationale de sauvetage en mer) ?

- **a.** orange et vert
- **b.** rouge et blanc
- **c.** jaune et violet

23. Quel fort, culminant à 60 mètres au-dessus des flots, est-il situé à proximité du cap Fréhel (Côtes-d'Armor) ?

- **a.** le fort la Latte
- **b.** le fort de la Fresnaie
- **c.** le fort de Saint-Cast

24. **Quel phare signale-t-il l'entrée de la rade de Brest ?**

a. le phare du Chien
b. le phare du Chat
c. le phare du Minou

25. **Qu'est-ce qu'une *stereden mor* ?**

a. une truite de mer
b. une fortune de mer
c. une étoile de mer

3

Les îles bretonnes

1. Quel animal marin trône-t-il à la place du coq traditionnel sur le clocher du bourg de l'île de Groix (Morbihan) ?

a. un homard
b. un thon
c. un bar

2. Le phare du Créac'h, sur l'île d'Ouessant, est le plus puissant d'Europe. Quelle est sa portée ?

a. 16 milles nautiques
b. 25 milles nautiques
c. 34 milles nautiques

3. Comment surnomme-t-on l'île de Molène, en mer d'Iroise ?

a. l'île chauve
b. l'île longue
c. l'île ronde

4. Que sont les Jean et Jeanne de Belle-Île ?

a. deux dauphins restés longtemps près des côtes
b. deux menhirs
c. deux bateaux de pêche

5. **Quelle île bretonne abrite un extraordinaire jardin exotique ?**

a. Sein
b. Groix
c. Batz

6. **Dans le langage des gardiens de phare, comment nomme-t-on les phares de haute mer ?**

a. les implacables
b. les intenables
c. les enfers

7. **Le moulin Birlo est un moulin à marée. Sur quelle île se trouve-t-il ?**

a. Ouessant
b. Belle-Île
c. Bréhat

8. **Dans la tradition de l'île d'Ouessant, à quoi correspondait la cérémonie religieuse de la Proëlla ?**

a. au rapatriement de l'âme d'un défunt disparu loin de l'île
b. à la remise d'une croix aux marins partant en mer
c. à la célébration de la Fête-Dieu

9. **Quelle est la particularité de l'archipel des Glénan (Finistère) ?**

a. il y a un phare sur chaque îlot
b. son toponyme présente une curiosité orthographique
c. les îlots sont entièrement recouverts lors des grandes marées d'équinoxe

10. **Sur quelle île bretonne Alexandre Dumas fait-il mourir Porthos, l'un des Trois Mousquetaires ?**

a. Bréhat
b. Houat
c. Belle-Île

11. **Combien d'années ont-elles été nécessaires à la construction du phare d'Ar Men sur la chaussée de Sein, face à l'île du même nom ?**

a. 9 ans
b. 14 ans
c. 22 ans

12. **À quel ensemble les îlots Rouzic et Maliban appartiennent-ils ?**

a. l'archipel des Sept-Îles (Côtes-d'Armor)
b. le golfe du Morbihan (Morbihan)
c. l'archipel des Glénan (Morbihan)

13. **Face à quelle ville l'île de Cézembre est-elle située ?**

a. Saint-Malo
b. Brest
c. Concarneau

14. **On dit de l'archipel des Glénan qu'il est métissé de Bretagne et… ?**

a. d'Amérique
b. de Pacifique
c. d'Afrique

15. **À Belle-Île, on peut avoir la chance de ramasser un anatife. De quoi s'agit-il ?**

a. d'une pierre rare
b. d'un fruit de mer au prix élevé
c. d'une fleur des îles bretonnes

16. **Quelle est la particularité du phare de Kéréon, à proximité de l'île d'Ouessant ?**

a. l'intérieur est décoré de parquets et lambris
b. il possède un ascenseur
c. il est flanqué d'une maison

17. Que représentait le *droit de bris* pour les habitants de l'île de Sein ?

a. la possibilité de pêcher le bar sur les digues de l'île
b. la possibilité de récupérer le chargement des bateaux échoués
c. la possibilité de taxer les pêcheurs étrangers à l'île

18. Deux îles se trouvent entre Belle-Île et le golfe du Morbihan. L'une d'elles est Houat ; comment l'autre se nomme-t-elle ?

a. Groix
b. Hoëdic
c. Dumet

19. Qui fut saint Pol-Aurélien pour les îles bretonnes ?

a. le premier évangélisateur débarqué à Ouessant
b. le bâtisseur des églises de Belle-Île
c. le saint protecteur des îliens

20. Quelle est la particularité de l'île de Groix ?

a. trente familles de minéraux sont identifiables en son sol
b. trente balises de mer permettent de la reconnaître de nuit
c. seules trente voitures sont autorisées sur l'île

4

L'Argoat

1. Que désigne le mot Argoat ?

a. le pays des champs
b. le pays des bois
c. le pays des lacs

2. À quel département appartiennent Paimpont et sa célèbre forêt ?

a. le Morbihan
b. les Côtes-d'Armor
c. l'Ille-et-Vilaine

3. Quel canal traversant la Bretagne offre-t-il de splendides promenades ?

a. le canal de Rennes à Lorient
b. le canal de Nantes à Brest
c. le canal de Huelgoat

4. Où se trouvent les Marches de Bretagne ?

a. à l'est de la Bretagne
b. au sud de la Bretagne
c. aux abords de la ville de Brest

5. Dans quel département peut-on admirer les gorges du Daoulas ?

a. les Côtes-d'Armor
b. l'Ille-et-Vilaine
c. le Morbihan

6. Quelle commune des Côtes-d'Armor est-elle aussi la ville des lavoirs ?

a. Pontrieux
b. Loudéac
c. Callac

7. Le Ménez-Hom, dans le Finistère, s'élève à l'extrême ouest des Montagnes Noires. À quelle altitude culmine ce géant de Bretagne ?

a. 160 mètres
b. 330 mètres
c. 540 mètres

8. Où se situe le Roc Trévezel, haut de 384 mètres ?

a. dans les Montagnes Noires
b. dans la forêt de la Hardouinais
c. dans les monts d'Arrée

9. Corseul, à proximité de Dinan (Côtes-d'Armor), est l'une des plus anciennes villes de Bretagne. Quelle découverte archéologique y a-t-on faite ?

a. des vestiges mérovingiens
b. un site gallo-romain
c. une ancienne chapelle souterraine, apparue à l'occasion de travaux de terrassement

10. Quelle roche est-elle caractéristique du Pays de Brocéliande ?

a. ses schistes rouges
b. ses ardoises vertes
c. son granit noir

11. Quel lac se trouve en bordure de la forêt de Quénécan (Morbihan) ?

a. le lac Saint-Michel
b. le lac de Guerlédan
c. le lac du Duc

12. Quelle petite commune d'Ille-et-Vilaine, située sur l'axe Rennes-Dinan, est-elle devenue la capitale du livre en Bretagne ?

a. Liffré
b. Montfort-sur-Meu
c. Bécherel

13. Quelle couleur qualifie le château de Trévarez, devenu domaine départemental, situé sur la commune de Saint-Goazec dans le Finistère ?

a. le rose
b. le jaune
c. le bleu

14. Quelle production fit la fortune de la ville de Quintin (Côtes-d'Armor) ?

a. les vitraux
b. la toile de lin
c. la taille de pierre

15. Quelle langue est-elle parlée dans la partie centrale de la Haute-Bretagne ?

a. le patou
b. le lur
c. le gallo

16. Pour toucher la Roche Tremblante, il faut visiter :

a. Jugon-les-Lacs (Côtes-d'Armor)
b. Huelgoat (Finistère)
c. Scrignac (Finistère)

17. **Quelle petite ville des Côtes-d'Armor, située non loin de Lamballe, fut-elle, malgré sa taille très modeste, un important carrefour de l'ancien comté de Penthièvre ?**

a. Moncontour
b. Trébry
c. Quessoy

18. **Où peut-on admirer la Vénus de Quinipily ?**

a. à Commana [Finistère]
b. au Ménez-Bré [Côtes-d'Armor]
c. dans la forêt de Camors [Morbihan]

19. **À Concoret, en forêt de Paimpont, à quelle fontaine vénérée se rendait-on en cas de sécheresse ?**

a. la fontaine de Trécesson
b. la fontaine de Barenton
c. la fontaine de jouvence

20. **Où la Rance, qui arrose Dinan avant de se jeter en mer entre Dinard et Saint-Malo, prend-elle sa source ?**

a. dans les monts d'Arrée
b. dans le Méné
c. dans le Morbihan

21. Que peut-on découvrir en visitant Saint-Nicolas-du-Pélem (Côtes-d'Armor), petite commune située en plein centre de la Bretagne ?

a. un aqueduc
b. une rivière souterraine
c. une roue à carillons

22. Aux alentours de quelle ville se situe la région des Moutons Blancs ?

a. Guingamp (Côtes-d'Armor)
b. Pontivy (Morbihan)
c. Guérande (Loire-Atlantique)

23. En breton, on l'appelle *fest ar moch.* Mais en français ?

a. la fête du cochon
b. la fête de Noël
c. la fête de la pluie

24. Jugon-les-Lacs (Côtes-d'Armor) est classée « Petite Cité de caractère ». Combien de lacs y trouve-t-on ?

a. deux
b. quatre
c. six

25. Quel site remarquable peut-on voir entre les communes de Pédernec, Tréglamus et Louargat, dans les Côtes-d'Armor ?

a. la grotte des Saints
b. la colline de Ménez Bré
c. la montagne de Bel-Air

26. La Bretagne est terre de musique et de chanson. Dans quelle commune *Les Filles des forges* ont-elles leur résidence ?

a. Mauron
b. Clisson
c. Paimpont

27. Que qualifient les termes *armoricaine*, *froment du Léon*, *nantaise* ?

a. des races bovines
b. des modes de cuisson du pain
c. des variétés de céréales

28. En Bretagne, que signifie une invitation au *boulten* ?

a. à boire une bolée de cidre
b. à jouer une partie de boules bretonnes
c. à entamer une danse rythmée

29. **Qu'abrite la forêt de Boquen, sur la commune de Plénée-Jugon (Côtes-d'Armor) ?**

a. une grotte comparable à celle de Lourdes
b. une abbaye cistercienne
c. le tombeau de Du Guesclin

30. **Où se trouvent les « plus belles boucles » de Bretagne ?**

a. dans les branches du chêne breton
b. dans les ruelles de Châteaulin
c. sur la rivière Aulne

5

Villes et petites cités

1. **Quelle est la caractéristique de Concarneau (Finistère) ?**

a. une ville close jouxte la ville ouverte
b. de multiples souterrains permettent de traverser la ville
c. un phare est installé à proximité de l'église en centre-ville

2. **Que peut-on découvrir à Dol-de-Bretagne (Ille-et-Vilaine) ?**

a. ses plages
b. son mont
c. son parc zoologique

3. **Qui était Mathurin Méheut, né à Lamballe (Côtes-d'Armor) en 1882 ?**

a. un écrivain
b. un musicien
c. un peintre

4. **Quelle ville est-elle appelée « la Venise bretonne » ?**

a. Rennes
b. Redon
c. Vannes

5. **Dans quelle ville le marché des Lices se tient-il ?**

a. Quimper
b. Morlaix
c. Rennes

6. **Quelle célèbre rue se trouve-t-elle à Brest ?**

a. la rue du Tonkin
b. la rue de Siam
c. la rue de Chine

7. **Dans quelle ville peut-on admirer la maison du Pélican ou la maison de la Truie qui file ?**

a. Malestroit [Morbihan]
b. Guingamp [Côtes-d'Armor]
c. Roscoff [Finistère]

8. **Lequel de ces écrivains est-il né à Tréguier [Côtes-d'Armor] ?**

a. Gustave Flaubert
b. François-René de Chateaubriand
c. Ernest Renan

9. **Quelle ville peut-on découvrir du haut du mont Frugy ?**

a. Lorient
b. Quimper
c. Brest

10. À propos de quel château Lawrence d'Arabie a-t-il affirmé : « Il n'y a pas d'extérieur plus beau, j'en suis certain » ?

a. le château de Fougères (Ille-et-Vilaine)
b. le château de Combourg (Ille-et-Vilaine)
c. le château de Clisson (Loire-Atlantique)

11. Dans quelle ville le port du Légué permet-il d'accoster ?

a. Lorient
b. Saint-Brieuc
c. Saint-Malo

12. À quel port le quartier de Saint-Goustan est-il attaché ?

a. le port d'Auray
b. le port de Douarnenez
c. le port de Dinard

13. Quelle ville du Finistère, ancienne cité de tisserands, est-elle réputée pour sa ferveur religieuse ?

a. Audierne
b. Locronan
c. Camaret

14. Quelle ville, proche de Saint-Malo, est-elle surveillée par la tour Solidor ?

a. Saint-Lunaire
b. Saint-Briac
c. Saint-Servan

15. Quelle est la devise de la ville de Morlaix ?

a. « S'ils te mordent, mords-les »
b. « Deux ponts valent mieux qu'un »
c. « Au fond de la baie survit Morlaix »

16. Quelle commune du Morbihan est-elle déclarée « hors concours » dans le classement national des villes fleuries ?

a. Baud
b. Ploërmel
c. Rochefort-en-Terre

17. Lequel de ces célèbres Bretons est-il particulièrement lié à la ville de Paimpol ?

a. Théodore Botrel
b. Robert-Charles Surcouf
c. Félicité Robert de Lamennais

18. **Quelle ville accueillit-elle la Compagnie des Indes au XVIIe siècle ?**

a. Douarnenez
b. Roscoff
c. Lorient

19. **Qu'est-ce que le Jerzual à Dinan ?**

a. une très vieille rue pavée
b. un pont jeté sur la Rance
c. le chemin de ronde des remparts

20. **Dans quelle ville l'église s'orne-t-elle de caravelles sculptées ?**

a. Douarnenez
b. Roscoff
c. Brest

21. **Quel festival musical de grande renommée est-il organisé chaque année à Carhaix (Finistère) ?**

a. les Vieux Tracteurs
b. les Vieilles Fermes
c. les Vieilles Charrues

22. Comment appelle-t-on le bateau de pêche traditionnel de Cancale (Ille-et-Vilaine) ?

a. la bisquine
b. la goélette
c. la planche

23. À Vannes, qu'est-ce que la Marle ?

a. la clé de la ville
b. la cloche de la cathédrale
c. le ruisseau qui serpente en ville

24. Quel célèbre marin résida-t-il longtemps à Bénodet (Finistère) ?

a. Alain Colas
b. Éric Tabarly
c. Alain Bombard

25. Qu'est-ce que le Trestraou à Perros-Guirec (Côtes-d'Armor) ?

a. l'église
b. le marché
c. la plage

26. Quelle commune du Finistère, connue pour ses galettes sèches, possède-t-elle également un remarquable enclos paroissial ?

a. Scaër
b. Pleyben
c. Châteaulin

27. **Quelle institution fait-elle la gloire de la petite ville de Lohéac [Ille-et-Vilaine] ?**

a. son musée agricole
b. sa fabrique de miel
c. son manoir de l'automobile

28. **Quelle citadelle commande-t-elle l'entrée de la rade de Lorient ?**

a. Port-Louis
b. Port-Blanc
c. Port-Henri

29. **Pourquoi les habitants de Ploërmel [Morbihan] sont-ils toujours ponctuels [ou n'ont aucune excuse pour ne pas l'être !] ?**

a. la ville abrite un musée de la montre
b. une horloge astronomique donne l'heure très précise
c. dix horloges ornent la façade de la mairie

30. **Que possèdent en commun les villes de Lamballe [Côtes-d'Armor] et Hennebont [Morbihan] ?**

a. des haras nationaux
b. des musées de l'aviation
c. des halles souterraines

31. De quel animal à poil la ville d'Yffiniac, à proximité de Saint-Brieuc, est-elle très fière ?

a. du renard
b. de la belette
c. du blaireau

32. Quelle ville est-elle évoquée par Hergé dans l'album *Les Sept Boules de cristal* ?

a. Saint-Nazaire
b. Brest
c. Saint-Malo

33. À quelle ville les *penn sardin* sont-elles attachées ?

a. Brest
b. Douarnenez
c. Quimper

34. Pourquoi la popularité musicale de Pluvigner (Morbihan) ne cesse-t-elle de grandir ?

a. la ville possède la plus grosse fanfare de France
b. elle organise un fest-noz chaque week-end
c. elle produit un admirable chœur

35. À quelques kilomètres de Vitré (Ille-et-Vilaine) se trouve le château des Rochers. Quelle personnalité y séjourna-t-elle longtemps ?

a. la comtesse de Ségur
b. Marguerite Yourcenar
c. la marquise de Sévigné

36. De quel port part la Route du Rhum ?

a. Saint-Malo
b. Lorient
c. Brest

37. La notoriété de la ville de Loudéac a longtemps reposé sur les épaules de Monsieur Ragot, innovateur éclairé. Quelle fut sa contribution au patrimoine de l'humanité ?

a. l'élevage des autruches en milieu agricole
b. l'usage de la mouche pour la pêche de la truite
c. la mise au point des conserves de charcuteries

38. Guingamp possède un riche patrimoine historique avec, notamment, l'ancien Hôtel-Dieu tenu par des augustines. Quel monument remarque-t-on sur la place du centre-ville ?

a. la fontaine dite la Plomée
b. les colonnes appelées Plombées
c. la maison aux ipomées

39. Quelle curiosité naturelle présente la ville de Morgat, dans la presqu'île de Crozon ?

a. des grottes sous-marines
b. des menhirs que la mer découvre à marée basse
c. des blocs rocheux sur la place du marché

40. Quelles villes évoque le nom de François-René de Chateaubriand ?

a. Dinard et Vitré
b. Cancale et Fougères
c. Saint-Malo et Combourg

41. Où peut-on rencontrer *Santig du* à Quimper ?

a. à la mairie
b. au musée des Beaux-Arts
c. à la cathédrale

42. En quelle année le Parlement de Bretagne, à Rennes, fut-il incendié ?

a. 1988
b. 1994
c. 2000

43. Quel écrivain est-il natif de Lesneven (Finistère) ?

a. Auguste Le Breton
b. Yann Queffélec
c. Anatole Le Braz

44. Quelle est la particularité du pont de Rohan à Landerneau (Finistère) ?

a. ce pont routier est en bois
b. il est habité
c. il est coupé en son centre

45. Qui était Théodore Hersart de la Villemarqué, habitant de Quimperlé (Finistère) ?

a. un célèbre poète
b. un sonneur de bombarde
c. un navigateur

46. Quel étonnant musée peut-on visiter à Pont-Croix, dans le Finistère ?

a. le musée de la Poupée
b. le musée de la Porcelaine
c. un marquisat

47. **À Dinan, qu'est-ce que la Noguette ?**

a. une porte du château
b. une cloche
c. une pâtisserie

48. **Qui surnomme-t-on les « P'tits Zefs » ?**

a. les Malouins
b. les Brestois
c. les Lorientais

49. **Quelle est la particularité de la ville de Châtelaudren (Côtes-d'Armor) ?**

a. ce fut une seconde capitale de la mode française
b. c'est la capitale de la coiffe bretonne
c. c'est la capitale du costume breton

50. **Que désigne la Cohue à Vannes ?**

a. le marché aux poissons
b. le musée des Beaux-Arts
c. la mairie

51. **De quel objet la ville de Saint-Brieuc est-elle la capitale ?**

a. du couteau
b. du pinceau
c. des ciseaux

52. **Dans quelle ville se trouve le château des ducs de Bretagne ?**

a. Rennes
b. Nantes
c. Quimper

53. **Quelle artiste ou femme de lettres est-elle enterrée à Pluneret, dans le Morbihan ?**

a. la comtesse de Ségur
b. la chanteuse Berthe Sylva
c. Colette

54. **Que fit Jean-Marie Le Doaré à Châteaulin au début du XXe siècle ?**

a. il mit la Bretagne sur cartes postales
b. il émit le premier appel téléphonique
c. il inventa la machine à écrire

55. **« Voir une ville gothique entière, complète, homogène, comme il en reste encore quelques-unes. » Quel écrivain a-t-il évoqué en ces termes la ville de Vitré ?**

a. Honoré de Balzac
b. Victor Hugo
c. Montesquieu

6

Spécialités et gourmandises

1. Le crabe tourteau est réputé pour la finesse de sa chair. Sous quel autre nom est-il connu ?

- **a.** le tranquille
- **b.** le paresseux
- **c.** le dormeur

2. Laquelle de ces variétés de pomme n'entre-t-elle pas dans la fabrication du cidre breton ?

- **a.** la Belle-Île
- **b.** la Douce Moën
- **c.** la Peau de Chien

3. Quelle espèce d'huître n'est-elle pas élevée en Bretagne ?

- **a.** la bombée
- **b.** la creuse
- **c.** la plate

4. Le *kouign amann* est une pâtisserie bretonne. Comment peut-on traduire son nom en français ?

- **a.** gâteau et beurre
- **b.** pain et beurre
- **c.** farine et eau

5. Quelle plante condimentaire de couleur verte est-elle produite dans les marais salants ?

a. le petit craquant
b. la salicorne
c. la pomme de mer

6. Quel est le nom de la soupe de poissons élaborée en Bretagne ?

a. la cotriade
b. l'armoricaine
c. la pesked

7. Pont-Aven (Finistère) est célèbre pour sa production de biscuits *Traou mad*. Que signifie ce nom ?

a. les petites douceurs
b. les bonnes choses
c. les belles saveurs

8. Quelle spécialité, particulièrement légère, du pays de Rance se consomme-t-elle comme une biscotte ?

a. le dinannais
b. le fondant
c. le craquelin

9. Quel est le nom du lait fermenté maigre consommé en Bretagne ?

a. le petit caillé
b. le lait ribot
c. le lait doux

10. Le *chouchen* est un fameux élixir. Quelle en est la première vertu ?

a. apaisante
b. dépurative
c. aphrodisiaque

11. À quoi sert le *billig* ?

a. à faire vieillir les eaux-de-vie
b. à cuire les crêpes
c. à pêcher les crevettes

12. Jaune comme un bouton d'or, je suis présent dans les vitrines de toutes les boulangeries bretonnes. Qui suis-je ?

a. le pommé
b. le petit beurré
c. le far breton

13. **Quelle volaille de la région rennaise fait-elle son grand retour sur les étals ?**

a. le Blanc de Rennes
b. le Coucou de Rennes
c. le Barbarian de Rennes

14. **Quelle ville des Côtes-d'Armor est-elle déclarée capitale de la coquille Saint-Jacques ?**

a. Saint-Quay-Portrieux
b. Saint-Brieuc
c. Erquy

15. **Quel fruit de mer très recherché et qui vit accroché aux rochers doit-il être battu avant consommation afin d'assouplir sa chair ?**

a. le violet
b. le clam
c. l'ormeau

16. **Quel coquillage bivalve appelle-t-on aussi le « coquillage du pauvre » ?**

a. la moule
b. la coque
c. la vénus

17. **Qu'est-ce que la frigousse ?**

a. une variété de crevette
b. une fricassée de volaille
c. une soupe aux champignons sauvages

18. **Le *kig ha farz* est un copieux plat d'hiver. De quoi s'agit-il ?**

a. du pot-au-feu breton
b. de la choucroute de la mer
c. d'un ragoût de mouton

19. **Sous quel nom l'eau-de-vie traditionnelle est-elle connue ?**

a. l'eau-de-feu
b. le lambig
c. le pommeau

20. **Quel produit, très prisé des Bretons, fait-il l'objet d'un pardon à Spézet (Finistère), au centre de la Bretagne ?**

a. la crêpe
b. le cochon
c. le beurre

21. **Quel fruit à l'incomparable saveur fait-il la gloire de Plougastel ?**

a. le cassis
b. la framboise
c. la fraise

22. **Quelle est l'utilité de la *boëte* pour la pêche du homard ?**

a. c'est une pince servant à neutraliser la prise
b. c'est l'appât déposé au fond du casier
c. c'est un système qui permet de détecter le crustacé

23. **Pas de fruits de mer ou de crustacés sans vin blanc ! À partir de quel cépage le muscadet est-il produit ?**

a. du melon de Bourgogne
b. de la folle blanche
c. du sauvignon

24. **Quel produit charcutier produit à Guéméné-sur-Scorff (Morbihan) fait-il l'objet d'un véritable culte ?**

a. la saucisse
b. l'andouille
c. le pâté

25. **Comment s'appellent les bassins dans lesquels on récolte la fleur de sel de Guérande ?**

a. les tulipes
b. les œillets
c. les iris

7

Histoire

1. **À quelle époque les Bretons d'outre-Manche arrivèrent-ils en Armorique ?**

a. 2 000 ans avant J.-C.

b. 1 000 ans avant J.-C.

c. entre le IIIe et le VIe siècles

2. **Qui était Georges Cadoudal ?**

a. un célèbre chef chouan

b. un maréchal d'Empire

c. un corsaire

3. **Quel événement commença en 1675 à Rennes et dans sa région ?**

a. la révolte contre les droits féodaux

b. la révolte du papier timbré

c. la révolte des terres de chasse

4. **Dans quelle ville Bertrand Du Guesclin s'illustra-t-il contre les Anglais ?**

a. Fougères

b. Quimper

c. Dinan

5. Quel château se trouve à Josselin (Morbihan) ?

a. le château des Rohan
b. le château des Clisson
c. le château des Kerouzéré

6. Quel événement modifia-t-il les contours de la région Bretagne en 1956 ?

a. la Loire-Atlantique fut ajoutée administrativement à la Bretagne
b. la Loire-Atlantique fut exclue administrativement de la Bretagne
c. une partie de la Loire-Atlantique fut intégrée à la Bretagne

7. Comment la Bretagne fut-elle surnommée dans son âge d'or ?

a. la petite Amérique
b. le petit Pérou
c. la petite Chine

8. Le château de la Hunaudaye est une ancienne forteresse de la vallée de l'Arguenon (Côtes-d'Armor). Pourquoi l'une de ses tours est-elle dite « de la Glacière » ?

a. les prisonniers qui y étaient enfermés mouraient souvent de froid
b. elle servait à garder les récoltes de la région
c. son orientation géographique en empêchait le réchauffement

9. En 1978, année de triste mémoire en Bretagne, le super-tanker pétrolier *Amocco Cadiz* s'échouait sur les côtes. Quelle localité du Finistère fut-elle la première victime de ce drame ?

a. Audierne
b. Portsall
c. Le Conquet

10. Qui était Nominoé ?

a. le chef des soldats vénètes (de Vannes) en lutte contre César
b. le premier roi de Bretagne
c. le représentant de la Bretagne auprès du pape

11. Quel événement dramatique affecta-t-il la ville de Rennes en 1720 ?

a. un grand incendie
b. une inondation catastrophique
c. un glissement de terrain

12. En quelle année Jacques Cartier, parti de Saint-Malo, découvrit-il l'estuaire du Saint-Laurent au Québec ?

a. 1434
b. 1534
c. 1634

13. **Quand le département des Côtes-du-Nord changea-t-il de nom pour prendre celui de Côtes-d'Armor ?**

a. 1990
b. 1995
c. 1997

14. **En quelle année, à la suite des deux mariages d'Anne de Bretagne, le rattachement de la Bretagne à la couronne de France prit-il effet ?**

a. 1499
b. 1532
c. 1665

15. **Quelle initiative prit le marquis de Pontcallec en 1720 ?**

a. il mena un complot contre le Régent
b. il instaura une taxe sur les bateaux de pêche
c. il leva un droit d'entrée sur les terres bretonnes

16. **Durant la Seconde Guerre mondiale, que dit-on au sujet de l'île de Sein sur les ondes de Radio-Londres ?**

a. « Sein sera toujours la sentinelle de la France »
b. « Par la mer, Sein sera défendue »
c. « L'île de Sein, mais c'est le quart de la France ! »

17. **Par quelle action la Bretagne devint-elle en 1962 indispensable au reste du pays ?**

a. elle obtint l'exclusivité de l'impression des billets de banque
b. elle réalisa la première liaison par satellite pour la télévision
c. elle eut le monopole de la fabrication des panneaux de signalisation routière

18. **Qui était Marion du Faouët ?**

a. la meneuse de la Révolution en Bretagne
b. une voleuse de grand chemin
c. l'alliée de Du Guesclin

19. **Quel événement marqua l'année 1924 ?**

a. la grève des usines de tabac à Morlaix
b. le blocage des routes par les agriculteurs
c. la grève des sardinières à Douarnenez

20. **Par quelle bataille s'acheva la guerre de Succession en 1364 ?**

a. la bataille de Questembert
b. la bataille d'Hennebont
c. la bataille d'Auray

8

Terre de religion

1. Quelle est l'utilité du *penn bas* ?

a. il actionne le carillon des églises
b. il supporte la bannière paroissiale
c. on s'en couvre la tête lors de certaines cérémonies

2. Quels usagers de la route sont-ils à l'honneur lors du pardon de Porcaro (Morbihan) ?

a. les automobilistes
b. les cyclistes
c. les motards

3. Quel monument religieux fait-il la gloire de Landévennec (Finistère) ?

a. son calvaire
b. son ancienne abbaye
c. son église bâtie dans une grotte

4. Patern, Brieuc, Corentin, Tugdual, Sanson et Pol sont six des saints fondateurs de la Bretagne. Qui est le septième ?

a. Ronan
b. Roch
c. Malo

5. Quelle est la récompense du pèlerin ayant accompli le *Tro Breizh* ?

a. une indulgence lui est accordée

b. le paradis s'ouvre à lui

c. il obtient le pardon de ses fautes

6. Un enclos paroissial breton se compose d'un cimetière, une église, un calvaire… et un quatrième élément. Lequel ?

a. le baptistère

b. la fontaine sacrée

c. l'ossuaire

7. Pourquoi la chapelle Saint-Adrien, située près de Baud, est-elle si renommée ?

a. elle abrite une fontaine guérisseuse

b. elle renferme un bénitier d'or

c. elle est ornée de statues en bois exotiques

8. Que trouve-t-on à Beauport, dans la région de Paimpol ?

a. un cimetière de bateaux

b. une abbaye maritime

c. un calvaire recouvert par les eaux

9. Quel saint breton est-il aussi le patron des avocats ?

a. saint Matthieu
b. saint Michel
c. saint Yves

10. Où la sculpture de *la Tentation d'Adam et Ève* est-elle visible ?

a. dans la cathédrale de Quimper
b. sur le calvaire de Guimiliau
c. dans l'abbaye de Bon-Repos

11. Quelle est la particularité du clocher de la chapelle Saint-Gonery à Plougrescant (Côtes-d'Armor) ?

a. il est composé de quatre petits clochers
b. il est tordu
c. il est recouvert de feuilles d'or

12. À quelle fréquence se déroule la Grande Troménie de Locronan ?

a. tous les trois ans
b. tous les six ans
c. tous les dix ans

13. Où se trouve la chapelle Notre-Dame-de-Rocamadour ?

a. à Camaret
b. à Crozon
c. à Morgat

14. **Dans son roman *Mon frère Yves*, Pierre Loti écrit : « Je suis natif du Finistère, mon clocher est l'plus beau de la terre, mon pays l'plus beau d'alentour. » De quelle ville parle-t-il ?**

a. Roscoff
b. Saint-Pol-de-Léon
c. Morlaix

15. **Quelle est la particularité de la chapelle de La Vraie-Croix (Morbihan) ?**

a. la route passe à l'intérieur
b. la route passe au-dessus
c. la route passe dessous

9

Terre de légendes et de pierres levées

1. De quelle contrée Gradlon le Grand fut-il roi ?

- a. de Cornouaille
- b. du Trégor
- c. du pays vannetais

2. Comment se nommait la fille de Gradlon qui fut à l'origine de la destruction de la ville d'Ys ?

- a. Anna
- b. Marie
- c. Dahut

3. Selon la légende, que représente le Youdig ?

- a. un chemin qui mène au paradis
- b. une station du purgatoire
- c. une des portes de l'enfer

4. Dans la mythologie bretonne, qui est Belen ?

- a. le dieu solaire
- b. le dieu de la terre
- c. le dieu des animaux

5. Qu'annonçait le passage de l'Ankou ?

- a. le malheur aux villes qu'il traversait
- b. la mort à celui qui le rencontrait
- c. la maladie à celui qui s'en moquait

6. **De quelle œuvre Anatole Le Braz est-il l'auteur ?**

a. *La Légende des pierres*
b. *La Légende de la mort*
c. *La Légende de l'enfer*

7. **Qu'abrite l'église de Tréhorenteuc, dans le Morbihan ?**

a. le cœur de Lancelot du Lac
b. des scènes des chevaliers de la Table ronde
c. la cape de Merlin l'Enchanteur

8. **En quel lieu de la forêt de Brocéliande la fée Morgane attirait-elle ses amants ?**

a. au Val d'Amour
b. au Val sans Retour
c. aux Forges

9. **Quelles créatures peupleraient-elles la commune de Plaudren (Morbihan) ?**

a. des sorcières
b. des korils
c. des âmes errantes

10. Qui peut-on rencontrer au bord de certains lavoirs ?

a. des matrones
b. des chats sacrés
c. des lavandières de la nuit

11. Que se passa-t-il sur les rochers de la pointe de Dinan, dans la presqu'île de Crozon ?

a. des géants furent engloutis par les eaux
b. des géants fabriquèrent des bateaux colossaux
c. des géants furent battus par des nains

12. Dans le Morbihan, de quelle garantie bénéficiait celui qui trouvait une *mein kerun* (pierre de foudre) ?

a. d'avoir du feu en permanence
b. d'aller au paradis
c. de soulager ses maux de dents

13. Qu'étaient les *sènes* dans la mythologie bretonne ?

a. des sirènes
b. des ogresses
c. des prêtresses

14. La Roche-aux-Fées, à Essé (Ille-et-Vilaine), est l'une des plus grandes allées couvertes d'Europe. Quelle est sa longueur ?

a. 11 mètres
b. 19 mètres
c. 26 mètres

15. Qui est le géant de Manio ?

a. le plus haut menhir du site de Carnac
b. un hercule qui déplaçait les pierres
c. un ensemble mégalithique

16. À quelle époque dolmens et menhirs furent-ils levés ?

a. 20 000 ans avant J.-C.
b. 10 000 ans avant J.-C.
c. 5 000 ans avant J.-C.

17. Qu'est-ce qu'un cromlech ?

a. un dolmen aux murs intérieurs peints
b. un ensemble de menhirs disposés en cercle
c. un ensemble de trois menhirs qui se touchent

18. Où se situe le cairn de Gavrinis ?

a. dans la ville même de Carnac
b. sous terre
c. sur un îlot du golfe du Morbihan

19. Combien de pierres levées resterait-il encore en Bretagne de toutes celles qui y furent dressées?

a. de 5 à 10 %
b. de 40 à 50 %
c. de 80 à 90 %

20. Les menhirs vivent parfois en couple et peuvent porter des noms inattendus. Comment appelle-t-on les deux gardiens des landes de Lanvaux (Morbihan) ?

a. Jules et Jim
b. Babouin et Babouine
c. Édith et Marcel

10

Quelques pas de danse

1. **Où danse-t-on l'*hanter dro* ?**

a. dans le pays rennais
b. dans le pays vannetais
c. dans le Trégor

2. **Laquelle de ces danses est-elle typique du pays de Guérande ?**

a. le rond du sel
b. le rond paludier
c. le rond des marais

3. ***Pach pi*** **: comment peut-on traduire le nom de cette danse ?**

a. double pied
b. pied simple
c. passe-pied

4. **Que désignent les termes *Kendalc'h* ou *War'l Leur* ?**

a. des confédérations de danse bretonne
b. des façons de danser propres au pays malouin
c. des gavottes du Finistère

5. **À quelle ville se rattache le cercle celtique Brug ar Ménez ?**

a. Quimperlé
b. Spézet
c. Vannes

6. Comment nomme-t-on la danse des montagnes, du pays Pourlet ou de l'Aven ?

a. la gavotte
b. la ridée
c. le tour

7. Quelle était l'une des fonctions annexes de la danse bretonne ?

a. faire fuir les âmes errantes
b. tasser le sol des maisons et des cours
c. nettoyer les draps de lin

8. *Kas a barth* est le nom d'une danse du pays vannetais. Que signifie-t-il ?

a. envoi contre-envoi
b. envoi à l'extérieur
c. envoi au centre

9. Où se déroule le festival *Plinn* du Danouët ?

a. en Centre-Bretagne
b. en pays bigouden
c. en Penthièvre

10. Qu'est-ce que le *jabadao* ?

a. un pas de la danse bretonne
b. un temps de la danse bretonne
c. la danse des baguettes

11. **À quelle ville la dérobée est-elle attachée?**

a. Guingamp
b. Loudéac
c. Lannion

12. **De quelle profession le *piler lann* est-il la danse ?**

a. des pileurs de fougères
b. des pileurs d'ajoncs
c. des pileurs de paille

13. **Que signifie le nom de la danse *kost er hoet* ou *kos tar c'hoat* ?**

a. maison derrière l'étang
b. ronde devant l'église
c. pays à côté du bois

14. **Quelle danse évoque-t-elle les villes de Jugon, Erquy ou Broons ?**

a. l'avant-deux
b. le bal
c. le plinn

15. **Qu'est-ce que le Trihory de Bretagne ?**

a. l'ouvrage référentiel de la danse bretonne
b. la première description écrite d'une danse bretonne
c. les limites acceptées par l'Église dans les danses

16. **Quelle danse bretonne porte-t-elle un nom évoquant un pays celte ?**

a. la galloise
b. l'irish
c. la scottish

17. **Quand les *dans an eured* et *dans ar boked* étaient-elles pratiquées ?**

a. à l'ouverture d'un fest-noz
b. à l'occasion d'un mariage
c. lors d'un baptême

18. **Comment appelait-on autrefois la gavotte Fisel ?**

a. la danse du pain
b. la danse du tabac
c. la danse du bouchon

19. **Quel animal est-il à l'honneur dans la *dans ar bleiz* ?**

a. le loup
b. le cheval
c. le cochon

20. **Où a-t-on le loisir d'admirer une Trompeuse ?**

a. à Vannes
b. à Douarnenez
c. à Dinan

11

Musique et chants

1. Que désigne l'expression *kan ha diskan* ?

a. un instrument ancien
b. une technique de chant
c. une parade musicale

2. Quel instrument doit-il sa renaissance à Alan Stivell ?

a. l'accordéon diatonique
b. la cornemuse
c. la harpe celtique

3. De quelle région le groupe Tri Yann est-il originaire ?

a. de la région brestoise
b. de la région nantaise
c. de la région malouine

4. Quel type de chant est la *gwerz* ?

a. une complainte
b. un chant enjoué
c. un cantique

5. Dans un couple de sonneurs, quel instrument accompagne la bombarde ?

a. le biniou braz
b. le biniou coz
c. le biniou gaol

6. Dans quel bois confectionne-t-on les bombardes ?

a. le châtaignier
b. le chêne
c. l'ébène

7. Dans quoi taille-t-on l'anche servant à souffler dans une bombarde ?

a. du hêtre
b. du sureau
c. du roseau

8. Combien de bourdons la cornemuse bretonne possède-t-elle ?

a. deux
b. trois
c. cinq

9. Sur quel tuyau le joueur de cornemuse joue-t-il les notes ?

a. le sutell
b. le lévriard
c. le souffleur

10. Comment se nomme le musicien chargé de diriger un bagad ?

a. le *penn* siffleur
b. le *penn* sonneur
c. le *penn* meneur

11. Qu'évoque le terme BAS pour les sonneurs des bagadou ?

a. une prestation musicale
b. le rassemblement annuel des sonneurs
c. une assemblée de sonneurs

12. Quelle est la particularité du bagad de Lann-Bihoué ?

a. il est hors catégorie dans le classement des bagadou
b. il ne se produit qu'en Bretagne
c. il ne présente pas de pupitre percussions

13. D'où est originaire le bagad Karukera ?

a. de Carantec
b. de Carnac
c. de Guadeloupe

14. En quelle année fut créé le Festival interceltique de Lorient ?

a. 1971
b. 1981
c. 1991

15. Quel instrument appelle-t-on également la bouëze ?

a. la clarinette
b. la flûte
c. l'accordéon diatonique

16. **De quelle région la veuze, instrument de la famille des binious, est-elle originaire ?**

a. de la Basse-Bretagne
b. de la Haute-Bretagne
c. du Pays de Brest

17. **Lequel de ces trois auteurs-compositeurs est-il appelé « le pianiste breton » ?**

a. Didier Squiban
b. Denez Prigent
c. Soïg Siberil

18. **Qui ne connaît *La Blanche Hermine* de et par Gilles Servat ? Complétez : « La voilà la blanche hermine, vive la mouette et…**

a. Ninon
b. l'ajonc
c. Paimpont

19. **Quelle nation celte possède-t-elle le même hymne que la Bretagne ?**

- **a.** l'Écosse
- **b.** l'Irlande
- **c.** le pays de Galles

20. **Clin d'œil aux cousins celtes : de quel pays Susana Seivane, devenue une référence de la musique celtique, est-elle originaire ?**

- **a.** d'Australie
- **b.** d'Espagne
- **c.** du Canada

12

Étonnante Bretagne

1. Que fait un Breton avec un *scoubidou* ?

a. il fabrique des objets en bois

b. il nettoie les ardoises de sa maison

c. il ramasse des algues

2. Que doit la ville de Paris à un ingénieur-architecte breton ?

a. le canal Saint-Martin

b. la tour Montparnasse

c. le métro

3. Quel est le nom du bateau sur lequel le père Jaouen embarque des personnes en quête de réinsertion ?

a. le *Bel Espoir*

b. la *Remontée*

c. le *Bonhomme de Mer*

4. Qu'est-ce que la robiquette ?

a. une danse du pays gallo

b. le surnom de la bicyclette en Bretagne

c. la véritable « galette saucisse »

5. Qui est Annaïck Labornez ?

a. la championne du monde des crêpes
b. la fameuse Bécassine
c. la navigatrice qui découvrit l'île de la Réunion

6. Quelle fête a-t-elle lieu chaque 15 août à Pleucadeuc, dans le Morbihan ?

a. un rassemblement de jumeaux
b. un rassemblement de druides
c. un rassemblement de personnes mesurant plus de 2 mètres

7. Lequel de ces mots est-il d'origine bretonne ?

a. baratin
b. charabia
c. baragouin

8. Quelle hauteur les coiffes du pays bigouden atteignirent-elles en 1935 ?

a. 22 centimètres
b. 39 centimètres
c. 48 centimètres

9. **Quel système de communication fut-il mis au point en Bretagne ?**

a. le téléphone portable
b. Internet
c. le Minitel

10. **Où se situerait le village d'Astérix le Gaulois ?**

a. sur la côte nord aux environs d'Erquy
b. sur la côte sud à la hauteur de Concarneau
c. dans la presqu'île de Crozon

11. **Quel est le point commun entre un ticket de loto, un sachet de thé et du papier bible ?**

a. ces papiers font l'objet de pardons religieux
b. ces papiers sont de fabrication bretonne
c. ces papiers se trouvent dans les bistrots bretons

12. **Quelle future célébrité naquit-elle à Nantes en 1828 ?**

a. Louis Pasteur
b. Jules Verne
c. Louis-Philippe

13. Quel grand vignoble français devrait-il sa naissance à un ermite venu de Vannes ?

a. Nuits-Saint-Georges
b. Châteauneuf-du-Pape
c. Saint-Émilion

14. Quelle invention due à M. Boscher fut-elle utilisée par des générations d'écoliers ?

a. une méthode d'apprentissage de la lecture
b. la gomme
c. le taille-crayon

15. Qu'organise chaque année l'association *An tour tan* (le phare) ?

a. un tour de la Bretagne en bateau
b. un tour de la Bretagne à pied
c. un cyber fest-noz

13

Les beaux mots

1. Quel artiste a-t-il magnifié la Bretagne sous la pluie?

a. le peintre et poète Max Jacob

b. la romancière Irène Frain

c. l'auteur-chanteur Jean-Michel Caradec

2. Qui a décrit la Bretagne comme « un pays superbe de sauvagerie » ?

a. le peintre Claude Monet

b. le chanteur brestois Christophe Miossec

c. le navigateur Olivier de Kersauzon

3. ***C'houez er beuz*** **: à qui peut-on lancer pareille invitation ?**

a. à la crêpière, afin qu'elle chauffe son beurre

b. au danseur, afin qu'il se chauffe les genoux pour entrer dans le cercle

c. au sonneur, afin qu'il chauffe son buis (son instrument)

4. « La Bretagne n'a pas de papiers. Elle n'existe que dans la mesure où, à chaque génération, des hommes se reconnaissent bretons. » Qui est l'auteur de ces propos ?

- **a.** le polémiste Morvan Lebesque (repris en chanson par Tri Yann)
- **b.** Pierre-Jakez Hélias dans *Le Cheval d'orgueil*
- **c.** Henri Queffélec dans *Un recteur de l'île de Sein*

5. Que signifie *trugarez braz* ?

- **a.** à votre santé
- **b.** grand merci
- **c.** au revoir

RÉPONSES

1. Traditions et symboles

1. b : En breton, *Plou* est issu de *Parrez* [paroisse]. Ces paroisses représentent des entités territoriales clairement définies. Elles soulignent l'appartenance de la population à un groupe bien précis, sentiment particulièrement marqué en Bretagne. Ces groupes sont également identifiables par les couleurs de leurs costumes, le rouge et le vert, par exemple, pour le pays de Plougastel-Daoulas [Finistère].

2. b : À la Saint-Loup, Guingamp [Côtes-d'Armor] offre un spectacle de danse et de musique du Trégor, tandis que la tradition folklorique du pays bigouden est à l'honneur à Pont-l'Abbé [Finistère] avec la fête des Brodeuses. À Quimper [Finistère], le festival de Cornouaille rassemble cercles de danseurs et bagadou. Si ces fêtes attirent touristes et vacanciers, elles tiennent une place considérable dans la vie des cercles celtiques et autres associations qui ont l'occasion de présenter le travail effectué tout au long de l'année et d'exprimer leurs talents.

3. c : Le vendredi était, et reste dans une certaine mesure, le jour du maigre, c'est-à-dire sans consommation de viande. Autrement dit, le jour des galettes. Durant des siècles, le blé noir fut à la base de l'alimentation bretonne. Pour réussir de bonnes galettes, il faut travailler à la main le mélange de farine de blé noir, d'eau et de sel et cuire cette pâte de préférence dans une cheminée.

4. c : S'il est une terre du vélo, c'est bien la Bretagne. Au-delà des champions tels que Bernard Hinault, Louison Bobet [qui possède son musée à Saint-Méen-le-Grand], Jean Robic et autres Goasmat ou Le Drogo, des milliers de cyclotouristes sillonnent les routes bretonnes chaque week-end. La commune de Plouay [Morbihan] se distingue, qui présente un musée du Vélo et organise chaque année son Grand Prix cycliste, reconnu par l'Union cycliste internationale. C'est sur ce circuit, comportant la célèbre côte de Ty Marec, qu'eurent lieu les championnats du monde de cyclisme en 2000.

5. c : La zone de diffusion d'*Ouest-France* est plus vaste que la Bretagne puisque le quotidien se trouve également en Normandie et dans les Pays de la Loire.

Le journal ne compte pas moins de 42 éditions locales correspondant aux communes importantes des régions couvertes. La lecture d'*Ouest-France* relève, pour un Breton, d'un rituel immuable : d'abord la météo, puis la page Obsèques suivie des nouvelles locales, avant les informations nationales...

6. c : L'hermine figurait sur l'ancien blason des ducs de Bretagne. La tradition veut qu'Anne de Bretagne ait, un jour, aperçu une hermine blanche poursuivie par des chasseurs. L'animal aurait préféré mourir plutôt que tacher sa robe en traversant une mare de boue. La duchesse obtint des chasseurs la grâce de la petite bête et fit de l'hermine son emblème, ajoutant sur l'ancien drapeau, blanc et rempli d'hermines, la devise : *Potius mori quam foedari* (Plutôt mourir qu'être souillé).

7. a : Les neuf bandes horizontales du drapeau breton correspondent aux anciens évêchés d'Armorique. Les bandes noires figurent les diocèses de langue française : Rennes, Saint-Malo, Dol-de-Bretagne, Saint-Brieuc et Nantes. Les bandes blanches représentent les diocèses de langue bretonne : Cornouaille, Vannes, Trégor et Léon. Ce drapeau, le *Gwenn ha Du*, ne fut créé qu'en 1925.

8. b : La première faïencerie fut installée en 1690 à Locmaria, un faubourg de Quimper, par Jean-Baptiste Bousquet. Différents styles furent développés par les ouvriers issus de régions extérieures à la Bretagne. Le style Rouen joue des motifs floraux aux couleurs denses tandis que le style Nevers compose des scènes où le bleu et le jaune sont à l'honneur.

9. c : Si le granit est bleu à Lanhélin ou dans la région de Dinan (Côtes-d'Armor), il peut également être jaune à Bignan (Morbihan) ou blanc à Ouessant. Et sa couleur rose à Ploumanac'h (Côtes-d'Armor) contribue à la beauté des bords de mer.

10. b : Chaque année, les fameux « Johnnies » (les petits Jean) du Léon se rendaient en Angleterre pour vendre, de ville en ville, ail et oignon rosé à une population qui en raffolait. Au retour, ils rapportaient des chandails aux mailles serrées. Le désormais fameux pull marin allait conquérir les ports de pêche bretons... avant de trouver également preneurs dans des contrées moins maritimes.

11. c : Dans le Morbihan, le jeu de palet se pratique sur terre ou sur route. L'exercice se complique dans la région rennaise et dans les Côtes-d'Armor, où il s'agit de faire tenir les pièces sur une planche placée à quelques mètres devant les joueurs. La partie se gagne en 13 points. Un après-midi de palet dans une cour de ferme constitue un grand moment de la vie rurale réunissant jeunes et anciens.

12. c : Le gouren est un sport reconnu, régulièrement pratiqué lors des fêtes traditionnelles. En chemise blanche et les cheveux noués, les lutteurs relèvent le défi. Le vainqueur l'emporte aux points ou par un *lamm*, signifiant la chute de son adversaire sur les deux épaules.

13. b : La maison bretonne était souvent constituée d'une pièce unique au sol en terre battue. Jouxtant la maison, le *penn ti* fut d'abord le logement du métayer qui aidait aux travaux agricoles. Lorsque cette pièce n'était pas occupée, elle servait au stockage et au conditionnement des produits de la ferme. Il n'était pas rare d'y trouver le garde-manger, les pots à lait ou la baratte à beurre.

14. a : Le *ti chistr* était l'équivalent de la cave ou du cellier ; c'est dans ce local qu'étaient logées, bien au frais, les barriques de cidre. On allait y remplir le pichet à chacune des occasions (repas, travaux agricoles, fêtes) qui rythmaient la vie paysanne.

15. a : Le *bazvalan*, celui « qui porte une baguette de genêt », était le marieur officiel. Quand il rendait visite aux familles, celles-ci comprenaient immédiatement le sens de sa démarche. Sachant généralement se montrer persuasif, il s'efforçait d'accorder les intérêts des deux parties.

16. b : La moisson était la grande affaire des campagnes car elle conditionnait une partie importante du quotidien de l'année à venir. L'entraide était de mise, et c'est par une fête que le fermier remerciait ceux qui y avaient pris part. Ce *koën er frailleu* (souper des fléaux) ou ces *décolailles* étaient des moments privilégiés de la vie rurale.

17. b : Chaque pays de Bretagne possédait ses propres coiffes qui avaient des usages bien définis : travail, cérémonie, deuil... Si elles renforçaient le sentiment d'appartenance à une communauté, elles précisaient également le rang social ou la situation familiale de celles qui les portaient. Au pays de Pont-Aven, ces « pièces d'identité » élégantes, dites *giz Fouen*, étaient au nombre de neuf : particulièrement travaillées, elles se distinguaient par un montage « à rubans » et une collerette paillée dont le repassage relevait d'un secret bien gardé.

18. b : La tradition dentellière, née pendant la grande famine irlandaise, traversa la Manche au début du XXe siècle en pleine crise sardinière. Le pays vannetais et la presqu'île de Rhuys apportèrent alors à leurs costumes une forte originalité avec ce point d'Irlande. Châles brodés, gants et résilles se répandirent à travers la Bretagne, chaque communauté rivalisant de créativité avec les autres.

19. a : Les *tennerien neud* – ou tireurs de fils – étaient organisés en corporation et réalisaient les broderies des gilets et des costumes. Les broderies en soie étaient de couleurs orange ou jaune et représentaient des fougères, des cornes de bélier et des plumes de paon, oiseau symbole de la région.

20. a : Le pays *glazig* est celui de Quimper (et des communes environnantes), où le costume masculin est coupé dans un drap bleu. Le pays *rouzig*, autour de Châteaulin, se distingue par une étoffe brun-roux tandis que le pays *melenik* est reconnaissable au jaune des broderies qui ornent les costumes de la région d'Elliant.

21. c : À l'extrême nord-ouest du Finistère, le pays *pagan* est de tradition à la fois paysanne et maritime. S'il fut qualifié de « païen » par les autorités religieuses qui évangélisèrent la Bretagne à partir du Ve siècle, c'est parce qu'ici tout est légendes, feux follets et âmes errantes. Paradoxalement, c'est sur cette terre que le culte religieux fut ensuite le plus fervent. Le pays *pagan*, qui ne manque ni de chapelles ni de calvaires, est une terre « où Dieu ne se repose jamais ».

22. a : La *kap an aod* était un vêtement porté, dans la région du Léon, par les goémoniers qui arpentaient les grèves pour récolter, à marée basse, les algues laissées par le flot et destinées à la fertilisation des terres. Cette tenue est devenue le fameux *kabig*, revêtu par des générations d'écoliers et désormais recherché par les amateurs de vêtements marins. Entre-temps, le manteau avait aussi été récupéré par les pêcheurs qui le graissaient avec de l'huile de lin : il ne s'agissait de rien d'autre que de l'ancêtre du ciré jaune à capuche indispensable à qui veut affronter les embruns.

23. b : Les côtes nord de la Bretagne ont produit des générations de terre-neuvas. Embarqués sur des goélettes des régions de Paimpol ou de Saint-Malo, ces pêcheurs partaient affronter les terribles conditions de mer du Labrador et de l'Islande. Beaucoup n'en revenaient pas. Les doris étaient les embarcations à fond plat qui, jetées des trois-mâts et menées à la rame, permettaient de pêcher à la ligne directement au-dessus des bancs de morues. Il n'était pas rare que ces frêles esquifs se perdent définitivement dans les brumes de ces contrées incertaines.

24. b : L'*Hydrangea*, nom scientifique de l'hortensia, s'épanouit particulièrement sous le climat breton, où ses couleurs, qui se déclinent du rouge au bleu, égayent les vieilles pierres. Cette plante emblématique a donné son nom au festival musical de Perros-Guirec, le festival des Hortensias.

25. b : Situé sur les bords du Blavet, dans le Morbihan, le site de Poul-Fetan est un ancien village breton restauré (*poul* veut dire lavoir et *fetan*, fontaine). Datant du XVIe siècle et abandonné par ses habitants, ce splendide village aux belles chaumières fait revivre les scènes de la vie quotidienne d'antan.

26. a : La Bretagne n'est pas seulement maritime, elle est aussi fluviale. La Roche-Bernard, cité au riche passé historique, campe sur un éperon rocheux dominant l'embouchure de la Vilaine. La ville fut un important carrefour commercial car les bateaux chargés de sel y accostaient avant de remonter le fleuve serpentant à travers la Bretagne. Cette période de prospérité donna à La Roche-Bernard sa richesse architecturale et une tradition d'accueil qui ne se dément pas.

27. c : Plus connus sous le nom de « korrigans », ces merveilleux petits personnages (*korrigs*), qui se déplacent à travers landes et rochers, sont bien facétieux. Très gentils à l'égard des humains qui le méritent, ils savent aussi punir sévèrement toute cruauté à leur égard...

28. c : Herminettes, paroirs et tarières étaient les outils utilisés par les sabotiers. Ces nomades voyageaient d'un bout à l'autre des forêts et y exploitaient les coupes de hêtres. Ils logeaient dans des huttes de terre sèche en entretenant un feu permanent pour le séchage des sabots. Cette population restait tribale car hommes, femmes et enfants travaillaient ensemble, se tenant à l'écart de la population et ne se rendant sur les marchés que pour vendre leur production.

29. b : Le *bragou braz* n'était autre que les braies portées autrefois en Bretagne. Ces culottes bouffantes, en lin ou en chanvre, étaient serrées sur des guêtres, juste au-dessous du genou. Un gilet à boutons, une veste courte et un chapeau complétaient l'ensemble. De nos jours, le *bragou braz* a retrouvé sa place dans le costume des danseurs traditionnels.

30. b : *Le Cheval d'orgueil* est un livre autobiographique de Pierre-Jakez Hélias, publié en 1975. Il narre en détail la dure vie d'une famille paysanne du pays bigouden au début du XXe siècle. Ce livre culte fut suivi par *Le Quêteur de mémoire* du même auteur.

2. L'Armor

1. a : Baignant les côtes du Finistère, la mer d'Iroise offre parfois des airs du bout du monde tant les éléments marins peuvent s'y déchaîner. Elle sait aussi se faire douce et magique. Dauphins et phoques s'y trouvent bien. Appartenant au premier Parc naturel marin français, elle est traversée par le fromveur, un fort courant marin qui peut pousser jusqu'à 16 km/h.

2. c : Véritable curiosité géologique, le sillon de Talbert est constitué de terre, de galets et de débris de coquillages. Il s'avance dans la mer sur 3 kilomètres et protège ainsi le littoral des fortes marées.

3. c : Les abers sont de profondes entailles pénétrant dans les terres. Comme l'Aber-Wrac'h, l'Aber-Benoît est une ancienne vallée glacière modelée par l'érosion et envahie par les flots. Il remonte sur 8 kilomètres à l'intérieur des terres.

4. b : Outre qu'il est l'un des plus sûrs abris maritimes de la région, l'Aber-Ildut, axé plein ouest, possède la particularité de se situer sur la ligne théorique de séparation des eaux de la Manche et de l'Atlantique. Au large, ça remue...

5. a : Royaume piétonnier à la lumière parfois éblouissante, l'île de Saint-Cado fut aussi le théâtre de faits historiques. Elle servit, entre autres, de refuge au célèbre chef chouan Georges Cadoudal, dont un chemin porte le nom.

6. b : Emblème de la Ligue française pour la protection des oiseaux, le macareux moine est facilement identifiable à ses couleurs. On le surnomme l'« oiseau clown » et, comble de la galanterie, son bec change de couleur à l'époque des amours.

7. c : Le phare d'Eckmühl fut construit à partir de 1885 grâce à un don de 300 000 francs de la marquise de Blocqueville au service des Phares et Balises pour faire édifier un phare au nom de son père, le maréchal Davout, prince d'Eckmühl. D'une hauteur de 65 mètres, il est le troisième phare du site, venant s'ajouter à une vieille tour d'éclairage et à l'ancien phare.

8. c : Découpées en criques, grèves, plages, rias, abers, falaises ou caps, les côtes bretonnes peuvent se comparer à un ruban de dentelle long de 1 200 km. Si la partie côtière de la région, l'Armor (pays au voisinage de la mer), était rectiligne, elle ne représenterait que 600 km ! Et aurait, assurément, beaucoup moins de charme...

9. b : Le marnage représente la différence de hauteur des eaux entre une pleine mer et une basse mer. À Cancale (Ille-et-Vilaine), cette amplitude peut atteindre 15 mètres. Ce phénomène s'explique par l'attraction plus ou moins forte exercée par la Lune et le Soleil suivant leur position respective. À chaque nouvelle lune, le phénomène des vives eaux se manifeste. Et lorsque Lune et Soleil sont au plus près de la Terre, en mars et en septembre, les marées d'équinoxe – ou grandes marées – amplifient le mouvement. On voit alors le port de Cancale se vider et se remplir à une vitesse impressionnante.

10. c : La pêche aux casiers se pratique en pinasse. Le dundee était réservé à la pêche du thon (Lorient, île de Groix, Étel). Le sinagot était utilisé pour la pêche de la sardine (région de Douarnenez, par exemple).

11. b : L'originalité de cette plage réside dans ses rochers de granit sculptés, œuvre de l'abbé Fouré (1839-1910). Des centaines de personnages, réalistes ou loufoques, offrent un décor aussi réjouissant qu'inattendu.

12. c : Tous les navigateurs le savent, la signalisation des côtes et des récifs est indispensable tant ces parages peuvent être dangereux. L'éclairage des phares fut considérablement amélioré par Augustin Fresnel avec la mise au point du système des lentilles à échelons (1821).

13. a : Surplombant la mer de 70 mètres, les falaises de la pointe du Roselier offrent un panorama exceptionnel sur la baie de Saint-Brieuc. Les chemins de randonnée suivent l'ancien sentier des douaniers. Les côtes bretonnes furent, en effet, un haut lieu du débarquement des marchandises de contrebande, principalement en provenance de Grande-Bretagne.

14. b : Le niveau 7 de l'échelle de Beaufort correspond à un « grand frais ». Les vents soufflent alors de 50 à 61 km/h ; les premières lames déferlantes et des traînées d'écume se forment. La tempête, fréquente en Bretagne, est indiquée par le niveau 10 (vents de 89 à 102 km/h). Le niveau 12 correspond à l'ouragan.

15. b : Le lançon, ou équille, est le seul poisson qui fasse l'objet d'une pêche à pied reconnue. Fin et tubulaire (de 10 à 25 cm de long pour l'épaisseur d'un doigt), il se ramasse dans le sable. La pêche en est souvent abondante à la fin de l'été. Le lançon se déguste en friture, offrant toute la finesse de sa chair, relevée d'un petit goût iodé.

16. a : Les pointes et les caps de la presqu'île de Crozon subissent en permanence les assauts de la mer. C'est sous le travail de sape des vagues se brisant sur les falaises de schiste et de grès que les Tas de Pois se sont formés. À proximité, la pointe de Dinan offre un saisissant chaos de rochers.

17. c : Établies par les Services hydrographiques et océanographiques, ces cartes marines découpées par secteur et régulièrement mises à jour indiquent des relevés indispensables à la navigation : tracé des côtes, profondeurs, récifs, phares et balises. Leur simple lecture fait le bonheur de tous les amoureux de la mer.

18. c : Des pêcheurs écossais furent les premiers observateurs de la technique de pêche du fou de Bassan. Il entre dans l'eau, sans se blesser, à 100 km/h et plonge à une profondeur de 6 à 7 mètres. Il percute ainsi les bancs de poissons, et sa proie est déjà engloutie lorsqu'il remonte à la surface. Il doit son nom à ce comportement singulier.

19. a : Le site du Gouffre, à Plougrescant, est l'un des plus impressionnants des Côtes-d'Armor tant ses amas de rochers semblent sinistres. La légende veut que, par les nuits de tempête, les rafales de vent portent les cris des âmes maudites. Mais il n'y a qu'un pas de l'enfer au paradis : celui-ci se trouve à proximité, dans le secteur de Port-Blanc dont les bords de mer sont calmes et reposants.

20. c : L'étroit goulet par lequel la mer pénètre dans le golfe se situe entre les agglomérations de Port-Navalo et Locmariaquer. Le golfe du Morbihan – la « petite mer » – est ainsi protégé de la houle, mais les courants y sont très puissants. Couvrant 12 000 hectares, il abrite près de 300 îles et îlots dont une trentaine sont habités.

21. c : Située sur le cap Sizun, la pointe du Van veille sur l'horizon. On y trouve la chapelle Saint-They dont le saint patron venait sonner la cloche en cas de péril marin. À quelques centaines de mètres s'ouvre la baie des Trépassés, avec sa plage de sable blanc et ses légendes. En face, on distingue, par beau temps, l'île de Sein. Y accoster oblige à franchir le raz de Sein, l'un des passages les plus périlleux des côtes bretonnes : « Nul ne l'a passé sans mal ni terreur » ou « Qui voit Sein voit sa fin », disent les proverbes...

22. a : Les canots de sauvetage de la SNSM sont orange et vert. Ils embarquent à leur bord des bénévoles toujours prêts à porter secours aux personnes en détresse. La SNSM est née en 1967 de la fusion de la Société centrale des naufragés, fondée par le ministre de la Mer en 1865, avec la Société des hospitaliers sauveteurs bretons, créée en 1873.

23. a : Anciennement château de la Roche-Goyon, le fort la Latte fut construit au XIVe siècle sur les ruines d'une ancienne fortification, puis rénové par Vauban. Faisant face au cap Fréhel, le fort, perché sur son éperon, surveillait les alentours et la venue d'un éventuel agresseur. Plus récemment, il servit de décor pour le tournage de nombreux films.

24. c : Le phare du Minou, plus exactement du Petit Minou, est aligné avec le phare de Porzic pour marquer l'entrée de la rade de Brest. Construite en 1848 à la demande de la Marine, cette tour blanche culmine à 26 mètres de haut. Le Minou éclaire jusqu'à 19 milles nautiques (35 km). Et, en cas de fortes brumes, sa corne résonne à chaque minute pour guider les bateaux.

25. c : Il est préférable de ne jamais rapporter une fortune de mer... ce qui signifie qu'il est arrivé malheur. La *stereden mor* est une étoile de mer ; de nombreux bateaux portent ce nom.

3. Les îles bretonnes

1. b : Si bars et homards se trouvent en abondance aux abords de Groix, la pêche du thon fut longtemps l'activité dominante de l'île : à la fin du XIXe siècle, plus d'un Groisillon sur quatre pêchait, en dundee, le thon blanc appelé germon. C'est la raison pour laquelle le poisson se trouve ainsi honoré au sommet de l'église.

2. c : 34 milles nautiques égalent 62,96 km. Avec ses deux éclats blancs toutes les dix secondes et sa corne de brume audible à 18 km, le phare de Créac'h ne passe pas inaperçu ! Et c'est bien sa fonction essentielle, car il lui revient de guider les navires, cargos et pétroliers sur le rail d'Ouessant, voie de navigation réservée et contrôlée.

3. a : À Molène, rien ne dépasse... hormis le clocher et le sémaphore. Molène (*moal* voulant dire chauve et *enez*, île), l'« île chauve », appartient au premier Parc naturel marin français. Comme Ouessant, elle est déclarée réserve de biosphère par l'Unesco, site où la nature et l'homme vivent en parfaite harmonie.

4. b : Jean et Jeanne sont deux menhirs distants de quelques centaines de mètres.

5. c : Située face à Roscoff (Finistère), l'île de Batz bénéficie des effets du Gulf Stream. Ici, floraisons et récoltes sont très précoces. Palmiers, figuiers, plantes grasses et autres cactées s'épanouissent dans le jardin colonial créé sur l'île, en 1897, par Georges Delaselle.

6. c : Les phares étaient classés par les gardiens en fonction de leur pénibilité. Et les vagues atteignant le sommet de la tour par forte tempête peuvent évoquer une vision de l'enfer. Si ces phares de haute mer sont des « enfers », ceux installés sur les îles sont des « purgatoires » et ceux du continent des « paradis ».

7. c : Une végétation luxuriante et une lumière qui sublime ses côtes font de Bréhat une escale de choix. L'île possède également des moulins à marée, tel celui de Birlo, actionnés par le flux et le reflux.

8. a : La cérémonie de la Proëlla appartient à la tradition ouessantine. Lorsqu'un îlien – le plus souvent, il s'agissait d'un marin – disparaissait loin de l'île, la Proëlla permettait le « rapatriement » de son âme et d'accomplir ainsi le service funéraire. Une croix de cire était posée sur deux morceaux de dentelle avant d'être veillée une nuit durant par les proches. L'office religieux était ensuite célébré, et la croix placée dans une urne, elle-même déposée dans un monument particulier du cimetière.

9. b : Le nom des Glénan ne prend jamais de « s ». L'explication tient, peut-être, à la difficulté de dénombrer les îlots qui composent l'archipel, les chiffres variant de 9 à 18 selon les comptages et, sans doute, la marée... « Les Glénans » ne marquent le pluriel que lorsqu'il s'agit de désigner la célèbre école de voile créée par Philippe Vianney, à l'origine de bien des vocations plaisancières.

10. c : C'est sur Belle-Île qu'Alexandre Dumas fait mourir Porthos. Le drame se déroule dans la grotte de Locmaria où lui et ses amis sont poursuivis par les troupes du roi. Sous le regard d'Aramis, Porthos fait exploser un tonneau de poudre, et le plafond de la grotte s'effondre alors sur le vaillant mousquetaire.

11. b : La première année du chantier, les ouvriers ne purent accoster que sept fois sur ce rocher haut d'à peine 2,5 mètres. Ils n'y travaillèrent que huit heures pour n'y percer que quinze trous ! La deuxième année, ils ne restèrent que dix-huit heures sur place. Au total, il aura fallu quatorze années d'un terrible labeur pour que le phare, véritable sentinelle du raz de Sein, puisse s'embraser.

12. a : Les deux îlots appartiennent à l'archipel des Sept-Îles, face à Perros-Guirec (Côtes-d'Armor), dont seule l'île aux Moines admet les visiteurs. L'archipel est une réserve naturelle pour oiseaux marins, étroitement surveillée par la LPO (Ligue pour la protection des oiseaux). En bateau, on a tout loisir de contempler le ballet des goélands, sternes, macareux et fous de Bassan dont plus de 15 000 couples nichent sur l'île Rouzic.

13. a : Située en face de Saint-Malo, l'île de Cézembre n'en a pas toujours été une. Ce n'est qu'au XVe siècle que les dernières terres basses reliant Cézembre au continent furent recouvertes par les flots. Un monastère et plusieurs chapelles y furent construits par des moines et l'île reçut la visite d'illustres personnages comme François Ier ou Charles IX. Elle fut aussi le théâtre d'incessantes batailles navales entre corsaires malouins et anglais.

14. b : L'archipel baigne dans des eaux limpides qui, suivant les fonds marins, se teintent de vert-bleu ou de turquoise... comme en plein Pacifique.

15. b : Plus connu sous le nom de « pousse-pied », l'anatife est un fruit de mer au goût très iodé vendu à prix d'or. La bête se mérite, tant sa pêche est périlleuse ! Il faut, en effet, la chercher sous les rochers au pied des falaises, là où la mer se brise dans un fracas assourdissant.

16. a : Le phare de Kéréon est un joyau dont murs et plafonds sont revêtus de bois précieux, chêne de Hongrie, ébène, acajou. Il porte le nom d'un enseigne de vaisseau guillotiné sous la Terreur en 1794, et c'est une de ses descendantes qui en demanda et finança la construction.

17. b : Le *droit de bris*, issu de la tradition celte, donnait aux îliens la possibilité de fouiller les épaves que la mer avait jetées sur ces côtes hostiles. Ce droit devint un privilège à l'époque des ducs de Bretagne avant d'être interdit en 1681. Il a même pu se produire que des feux soient allumés à terre afin de dérouter les navires et de piller leur chargement…

18. b : Au large de la presqu'île de Quiberon, Houat et Hoëdic sont parfois appelées « les îles sœurs » car, si Houat est plus grande que Hoëdic, elles ne sont séparées que par le passage des… Sœurs. À proximité des deux îles, se trouve la petite île aux Chevaux, dont le nom fait référence aux chevaux à moustaches qui y vivaient en bandes parfois sauvages. Cette île servait de pâture aux deux autres qui l'entretenaient à tour de rôle. Désormais, Houat et Hoëdic vivent du tourisme et de la pêche ; une écloserie de homards y est établie depuis 1972.

19. a : Au VIe siècle, Pol-Aurélien, parti d'Angleterre, débarqua à Ouessant et fut le premier évangélisateur de la région. Il y fonda un monastère et devint ainsi un des sept saints fondateurs de la Bretagne. Il prit le chemin du Léon et s'arrêta sur l'île de Batz… qu'il aurait débarrassée d'un terrible dragon en le précipitant dans la mer. On peut encore approcher le fameux « trou du Serpent » qui aurait englouti le monstre.

20. a : Sur Groix, l'aventure peut être aussi d'ordre minéralogique car l'île est située sur une zone de collision des continents. Ici, les gneiss ont deux milliards d'années. Le schiste bleu y affleure alors que cette roche ne se trouve, théoriquement, que dans les massifs montagneux récents (Pyrénées, Alpes) ! Le sable est parfois noir, comme sur la plage du Trec'h, ou mêlé de grenats comme à la pointe des Chats. Rouge sur la plage des Sables Rouges (comme son nom l'indique), il est blanc sur la fameuse plage convexe des Grands Sables.

4. L'Argoat

1. b : L'Argoat, c'est le pays des bois, la Bretagne de l'intérieur, les chemins humides, les landes et les marais, les sommets rocheux. Tous paysages parcourus, bien sûr, par feux follets, korrigans et autres âmes errantes...

2. c : Située au cœur du massif forestier de Brocéliande, Paimpont est une commune d'Ille-et-Vilaine, bien que sa forêt s'étende jusqu'au Morbihan. C'est ici le royaume des fées et des légendes des chevaliers de la Table ronde et de Merlin l'Enchanteur. Au bord de l'étang, l'abbaye fut d'abord un prieuré, construit par Judicaël au VIIe siècle, qui prit sa forme définitive au XIIIe siècle.

3. b : Le canal de Nantes à Brest traverse la Bretagne sur 360 kilomètres. La navigation sur ses eaux calmes permet de visiter Josselin, Pontivy, Carhaix-Plouguer ou Châteaulin avant de rejoindre l'Aulne, rivière qui se jette en rade de Brest.

4. a : Suivant une ligne reliant Dol-de-Bretagne, près des côtes de la Manche, à Guérande, au bord de l'Atlantique, les Marches de Bretagne se situent donc à l'est de la région et correspondent à l'ancienne frontière entre la Bretagne et la France. Villes et villages médiévaux (Fougères, Vitré, Saint-Aubin-du-Cormier, Châteaubriant, Clisson...) en ponctuent le tracé.

5. a : Ces gorges façonnées par la rivière Daoulas, qui rejoint le canal de Nantes à Brest devenu le Blavet, se trouvent au centre de la Bretagne, sur la commune de Laniscat (Côtes-d'Armor). Surplombant le chaos rocheux, les landes de Liscuis s'étagent à 225 mètres d'altitude et offrent un panorama splendide.

6. a : Plus de cinquante lavoirs ornent la ville de Pontrieux, dont le nom dérive du Trieux, la rivière qui la traverse. Située entre le Trégor et le Goëlo, cette charmante commune abrite également de nombreux moulins à eau. Tous les 15 août, la fête des Blanchisseuses perpétue la tradition.

7. b : Pour la Bretagne, 330 mètres constituent une altitude remarquable ! Du sommet s'offre, par beau temps, un panorama exceptionnel sur les côtes, de la baie de Douarnenez à la rade de Brest en passant par la découpe de la presqu'île de Crozon. À l'est, s'ouvre la Bretagne intérieure, celle de l'Argoat.

8. c : Nous voici sur les sommets des monts d'Arrée ; le Roc Trévezel est le point culminant de la Bretagne. Un record modeste si l'on songe que le Massif armoricain s'élevait à plus de 4 000 mètres... il y a plusieurs centaines de millions d'années !

9. b : Pas moins de deux mille ans d'histoire dominent la ville de Corseul qui fut, à l'origine, la capitale des Curiosolites. Les garnisons romaines s'y installèrent et César mentionnait régulièrement la ville dans ses *Commentaires*. Des fouilles permirent ainsi la mise au jour d'un vestige antique, le temple de Mars (*Fanum Martis*), construit sous le règne de l'empereur Auguste. Ces ruines sont considérées comme les plus beaux vestiges gallo-romains de Bretagne.

10. a : Le Pays de Brocéliande est qualifié de Pays « pourpre » en raison de ses maisons de schiste rouge. Plus à l'ouest, vers Mûr-de-Bretagne, la pierre vire au violet. Étonnant, au pays du granit ! Au plan géologique, le schiste rouge ceinture le massif forestier de Brocéliande, constitué en profondeur de grès armoricains aux teintes gris-beige.

11. b : Le lac de Guerlédan est un lac artificiel, le plus grand de Bretagne, qui résulte de la construction, en 1930, d'un barrage sur le Blavet. À cheval sur les communes de Mûr-de-Bretagne et de Saint-Aignan, cette retenue d'eau s'étend sur 12 km et donne au site des allures quasiment canadiennes... Sur la commune de Saint-Gelven, à proximité du lac, l'abbaye cistercienne de Bon-Repos, fondée en 1184 et rénovée au XVIIe siècle, a fière allure.

12. c : Bécherel, ville close couronnant une colline à l'atmosphère particulière, est devenue dans les années 1980 la cité du livre en Bretagne. Il fait bon y flâner, d'une librairie à l'autre, à la recherche d'un ouvrage épuisé ou d'une édition rare.

13. a : La visite du domaine de Trévarez, de son étonnant château « rose » et de son parc paysagé est un enchantement. Construit à la fin du XIXe siècle par

James de Kerjégu, le château fut équipé de tous les perfectionnements techniques alors disponibles : ascenseurs, eau chaude, chauffage central. Le parc de 85 hectares, avec ses jardins à l'italienne et à l'anglaise, abrite des milliers d'espèces végétales : camélias, rhododendrons, hortensias, etc.

14. b : Petite Cité de caractère, Quintin connut un âge d'or avec la production de la toile de lin. Dans le Trégor, ces toiles étaient dites « Bretagne légitimes », en raison de leurs qualités reconnues, et exportées vers l'Angleterre et l'Espagne. La succession des maisons à colombages et hôtels particuliers des XVIIe et XVIIIe siècles qui ont subsisté témoigne de la richesse passée de la commune.

15. c : Issu de la langue romane, le gallo, la langue des anciens, fait actuellement un retour remarqué en Haute-Bretagne. Ce langage est parlé très vite en étant peu articulé, ce qui le rend difficilement compréhensible au non-initié.

16. b : Huelgoat, en plein milieu des monts d'Arrée, présente un remarquable patrimoine naturel. Ce chaos d'énormes roches granitiques, érodées par l'eau de la rivière d'Argent, serait, selon la légende, un témoignage de la puissance de Gwar le géant qui aurait projeté là ces rochers. Il faut franchir la Grotte du Diable, la Mare aux sangliers et le Ménage de la Vierge pour accéder à la Roche Tremblante, une pierre de 100 tonnes dont on dit qu'une poussée convenablement appliquée peut l'ébranler.

17. a : Ruelles pavées, maisons anciennes, vieilles pierres... Moncontour est un petit joyau perché sur les hauteurs. Ancienne place forte médiévale des ducs de Penthièvre, la ville battit même monnaie au XIVe siècle. Elle connut une période faste grâce au commerce du lin et du chanvre exportés vers l'Espagne et les Indes. Parfaitement conservée, la ville de Moncontour est classée Petite Cité de caractère.

18. c : À proximité des landes de Lanvaux, la forêt de Camors renferme une Vénus haute de plus de deux mètres. Si certains voient dans cette statue la preuve d'un culte pratiqué par les légions romaines, d'autres la considèrent comme une déesse gauloise. Chateaubriand évoqua même « la sensualité à la fois toute barbare et raffinée » de cette Vénus.

19. b : Déjà vénérée aux temps des druides, la fontaine de Barenton, difficile à trouver enfouie qu'elle est sous les ajoncs et les roseaux, fait l'objet de processions destinées à conjurer la sécheresse. On assure qu'en 1835, après que le curé y eut plongé le pied de la croix, des nuages se formèrent et une pluie violente tomba. C'est également à la fontaine de Barenton que Merlin aurait, pour la première fois, rencontré la fée Viviane.

20. b : La Rance prend sa source dans le Méné (qui correspond à un triangle délimité par les forêts de Boquen, de Loudéac et de la Hardouinais). Modeste au début, elle serpente à travers champs pour prendre de l'ampleur sous les remparts de Dinan. L'estuaire qui se forme à partir de Saint-Samson est un havre de paix pour la navigation et un régal pour les yeux ; entre les cales et autres petits ports insolites se cachent les malouinières, riches maisons bâties par les armateurs, pêcheurs et officiers de marine de la région.

21. c : Cette roue à carillons portant douze clochettes bleues, jaunes ou grises est bien fixée sur un mur de la chapelle Notre-Dame-du-Ruello. Il ne reste en Bretagne que cinq exemplaires de ce genre d'objet : on pense qu'il s'agit de copies des roues solaires, attachées au culte de Belen, dieu solaire.

22. b : Les Moutons Blancs (*Deved Gwenn*) ne se rencontrent qu'autour de Pontivy ; c'est ainsi que l'on désignait autrefois les hommes portant le costume traditionnel, composé d'une veste en laine blanche, bordée de velours noir et ornée de boutons dorés. Les cercles folkloriques, notamment le Bagad Pondi, portent encore ces couleurs.

23. a : La fête du cochon était, et reste, un événement important de la vie des campagnes. En Bretagne, le cochon est une pièce de choix. Sélectionné dès la naissance, séparé de ses congénères destinés à l'industrie agro-alimentaire, il est l'objet de toutes les attentions. Après l'abattage, un long travail commence. La charcuterie est préparée à l'ancienne, et l'on va même, parfois, jusqu'à nettoyer les boyaux de l'animal à la rivière.

24. **a :** Deux plans d'eau ont marqué l'histoire de Jugon : l'étang de Jugon et le lac de l'Arguenon, le plus grand des deux. Afin de protéger l'ancien château, on édifia deux digues, créant des espaces qui se remplirent d'eau. Jugon possède aussi de riches demeures en granit comme la maison de la Tête Noire, la plus ancienne de la ville. On a prétendu que cette maison était reliée au château par un tunnel dans lequel on aurait retrouvé, au fond du puits, le corps d'une femme conservé dans du sel.

25. **b :** Le Ménez Bré culmine à 302 mètres. Dans la chapelle Saint-Hervé qui le coiffe officiait, au XIXe siècle, Tadig Kozh (vieux petit père), prêtre exorciste. Il y célébrait l'*oferenn drantel*, une cérémonie consistant à dire trente messes pour le repos du trépassé, la trentième à l'envers et à minuit précis. Le diable devait alors se présenter devant l'officiant et libérer ainsi l'âme du malheureux...

26. **c :** « Digue ding don don, ce sont les filles des forges / Des forges de Paimpont, digue ding dondaine / Des forges de Paimpont, digue ding dindon. »
Y a-t-il toujours des filles aux forges de Paimpont ? Ce qui est certain, c'est que ces fameuses forges travaillèrent le fer pendant plus de trois siècles, du XVIe au XIXe. Abandonné, leur décor industriel est devenu un lieu de promenade.

27. **a :** Les vaches sont indissociables du paysage breton. La race la plus connue, la pie noire, faillit cependant disparaître des campagnes au profit d'autres, de meilleur rendement. Cette petite *gwenn ha du* (blanche et noire, comme le drapeau breton), rustique et cornue, a pourtant toujours produit un lait de haute qualité. Elle tente désormais de reconquérir son territoire ; têtue comme elle est, elle pourrait bien y parvenir !

28. **b :** La bolée de cidre se mérite ! Avant d'y goûter, il faut jouer aux boules bretonnes. Des boules de 700 grammes à 1 kilo lancées sur une allée sablée entourée de planches et longue de 18 à 20 mètres. Pratiqué dans le Finistère, le *boulten* consiste à chasser des boules cibles placées sur un billot.

29. **b :** Plénée-Jugon a longtemps bénéficié du passage de la voie romaine reliant Corseul à Vannes, comme en témoignent les nombreuses pierres levées dispersées sur le territoire de la commune. Ce n'est qu'au XIXe siècle que celle-ci se découvrit une vocation agricole. Son histoire est également marquée par l'abbaye de Boquen, construite au XIIe siècle par Olivier II, comte de Dinan, dans le pur style roman cistercien, en plein cœur de la forêt. De nombreux dons firent sa richesse puis l'abbaye déclina à partir du XVe siècle. En 1936, un moine particulièrement dynamique lui redonna vie.

30. c : Prenant naissance dans les Montagnes Noires, l'Aulne décrit, à travers le Finistère, un parcours splendide. De Spézet la jolie à Châteauneuf-du-Faou la fleurie, en passant par les jardins de Trévarez, puis de Châteaulin aux ruelles pavées à Landevennec qui s'ouvre sur la rade de Brest, les boucles de la rivière offrent calme et verdure.

5. Villes et petites cités

1. a : Petite île de pierre reliée à la ville par un pont-levis, la « ville close », qui date du XVIe siècle, fut rénovée par Vauban au XVIIe. C'est à l'intérieur de ses murs que se trouvent les plus anciennes habitations de la cité. Du dédale des ruelles pavées émergent les neuf tours de défense de la ville.

2. b : Avec ses 65 mètres de hauteur, le mont Dol surprend dans un environnement totalement plat, face à la baie du Mont-Saint-Michel. À l'origine, il s'agissait d'une île dont le pourtour s'envasa peu à peu. Selon la légende, Gargantua aurait jeté ici trois cailloux retirés de sa chaussure : c'est ainsi que le Mont-Saint-Michel, le rocher de Tombelaine et le mont Dol auraient pris place dans le paysage.

3. c : Décorateur de grands paquebots, Mathurin Méheut (1882-1958) mit également la Bretagne en peinture avec des toiles évoquant aussi bien les bords de mer que l'intérieur des terres. Sa ville natale lui consacre un petit musée au premier étage de la maison du Bourreau, place du Martray. Ancienne capitale des ducs de Penthièvre, Lamballe conserve un patrimoine riche et original.

4. b : La ville s'est étendue sur une étroite langue de terre enserrée par deux bras de la Vilaine. La rivière fut canalisée dès le XVIe siècle, ce qui favorisa le développement de l'activité portuaire, les bateaux en provenance de l'Atlantique pouvant ainsi la remonter jusqu'à Redon. Sur le quai Dugay-Trouin, les demeures d'armateurs et de négociants témoignent de sa prospérité. De nos jours, batellerie et tourisme fluvial perpétuent la tradition de celle qu'on qualifie de Venise bretonne.

5. c : À Rennes, la place des Lices fut toujours particulièrement animée : c'est là qu'au Moyen Âge se déroulaient les tournois... ainsi que le marché des pestiférés. C'est désormais une foule nombreuse (et en bonne santé !) qui s'y presse chaque samedi matin pour y faire son marché. Marché remarquable, le deuxième en France par la taille, que fréquentent notamment les toques étoilées de la région.

6. b : C'est autour de la rue de Siam (ancien nom du golfe de Thaïlande) que s'ordonne le centre-ville de Brest. Ce toponyme fait référence à l'arrivée, en 1686, des ambassadeurs du roi de Siam qui, accompagnés de six mandarins, se rendaient à la cour de Louis XIV. Ces visiteurs et leurs costumes impressionnèrent tellement les habitants qu'ils rebaptisèrent une rue de la ville en leur honneur.

7. a : Malestroit est aussi appelée « la Perle de l'Oust », du nom de la rivière qui traverse cette ville aux étonnantes richesses architecturales. Les ruelles sont bordées de maisons à pans de bois dont certaines sont ornées de sculptures, telles la maison du Pélican ou celle de la Truie qui file. Ces sculptures évoquent des fabliaux du Moyen Âge, époque durant laquelle Malestroit se dota de fortifications pour devenir l'une des neuf baronnies de Bretagne.

8. c : Forte d'un riche passé religieux, Tréguier, capitale historique du Trégor, jouit d'une aura particulière, notamment pour avoir inspiré des hommes de lettres. La maison d'Ernest Renan (1823-1892) fait revivre l'enfance de l'écrivain philosophe avant son départ pour Paris. Élu à l'Académie française en 1878, il deviendra administrateur du Collège de France en 1883.

9. b : Du haut de ce mont, qui s'apparente plutôt à une falaise, on domine Quimper, ancienne capitale des puissants ducs de Cornouaille. Le site est évoqué par Gilles Servat dans sa chanson *La Route de Kemper* : « Sur les herbes jaunies du mont Frugy, d'autres feuillages poseront leurs ombres »... C'est ici, au confluent (*kemper* en breton) du Steir et de l'Odet, que la ville s'épanouit. Les quais de l'Odet, aux nombreuses passerelles fleuries, sont particulièrement pittoresques.

10. a : Le château de Fougères se lit comme un livre d'architecture militaire. Ses trois enceintes, ses sept tours et ses défenses améliorées pendant plus de quatre siècles en font une forteresse impressionnante. Protégée par une telle enceinte, la ville put accueillir de riches commerçants qui la transformèrent en capitale de la chaussure. Victime de terribles incendies au XVIIIe siècle, Fougères fut aussitôt reconstruite en granit.

11. b : Saint-Brieuc se trouve sur un plateau qu'entaillent profondément trois rivières : le Gouédic, le Gouët et le Douvenant. La mer est à trois kilomètres, et c'est le port du Légué qui permet aux navires et bateaux de plaisance d'accéder à la ville. Sur la côte, la baie de Saint-Brieuc est le paradis des amateurs de pêche à pied.

12. a : Port actif de la cité d'Auray depuis le Moyen Âge, Saint-Goustan (du nom du patron des marins et des pêcheurs) est séparé de la ville haute par l'estuaire du Loc'h. Les ruelles aux pavés bombés et les maisons à pans de bois témoignent de sa prospérité durant laquelle, profitant de sa situation géographique, Saint-Goustan était le troisième port breton. Son déclin interviendra avec la création du port de Lorient en 1655 et se poursuivra tout au long du XVIIIe siècle. En 1776, Benjamin Franklin logea dans ce quartier lors d'une visite diplomatique en France durant la guerre d'indépendance américaine. Au-delà du pont qui enjambe l'estuaire, la ville haute est accessible par des terrasses étagées, construites sur l'emplacement de l'ancien château des ducs de Bretagne.

13. b : Locronan a su préserver ses maisons en granit bleuté au cachet unique. Elles furent celles des marchands, notaires et contrôleurs, enrichis dans le commerce des toiles à voile et bénéficiant d'une exemption d'impôts accordée par les autorités ducales. Christianisée par saint Ronan dès le VIIe siècle, la cité a toujours fait preuve d'une grande ferveur religieuse. Le deuxième dimanche de juillet, le pardon de la Montagne de Locronan – appelé Petite ou Grande Troménie selon les années – est l'un des plus suivis de Bretagne.

14. c : Du haut de ses 27 mètres, la tour surveille les villes de Saint-Servan et de Saint-Malo. Solidor fut construite par le duc Jean IV qui souhaitait garder un contrôle sur la Rance à une époque où Saint-Malo était rebelle à son autorité. Elle abrite désormais le musée international du Long Cours Cap-Horniers.

15. a : « S'ils te mordent, mords-les » est bien la devise de Morlaix, qui remonte à la mise à sac de la ville par les Anglais, en 1522, alors que les habitants en étaient absents. À leur retour, les Morlaisiens taillèrent l'ennemi en pièces. C'est ainsi que les armes de la ville figurent un lion faisant face à un léopard anglais… auxquels on ajouta la fameuse devise.

16. c : Le mariage des fleurs – des géraniums, notamment – avec les vieilles pierres est un ravissement pour les yeux. Le premier fleurissement de la cité remonte à 1911, lorsque le propriétaire du château de Rochefort-en-Terre, un artiste peintre américain, proposa aux habitants de participer au premier concours des villes fleuries. Il distribua généreusement des plants de géraniums… dont les boutures fleurirent chaque année, toujours plus nombreuses, rues et façades.

17. a : Le port de Paimpol n'étant pas visible du large, les falaises de Plouha font office de repère ainsi que celles qui se dressent vers la pointe de Guilben. Ce sont ces dernières que Théodore Botrel chanta dans *La Paimpolaise*. Le chansonnier fut surnommé le « Barde breton » et, à la suite de son passage à Paris, le « Breton de Montmartre ».

18. c : Le nom même de la ville indique assez que c'est sur l'Orient que ses bateaux mettaient le cap. Avec la Compagnie des Indes, toute l'activité maritime et commerciale de Lorient se tourna vers la Chine, les Indes… et les marchandises qu'on en rapportait : épices, porcelaine, etc. La perte des Indes causa la faillite de la Compagnie, et Lorient échangea, sous Napoléon Ier, sa vocation commerciale contre une destination militaire.

19. a : L'ancienne rue du Jerzual, très pentue, relie le centre de la ville au port de la Rance. C'est au petit peuple des échoppes et des boutiques que la rue dut sa floraison de maisons à pans de bois, aujourd'hui vouées à l'artisanat.

20. b : Roscoff fut toujours une ville maritime active ; aujourd'hui encore, les ferries en partance pour l'Irlande ou l'Angleterre y côtoient les bateaux de pêche ; poissons et crustacés se vendent directement sur le port. Financée par les riches marchands, l'église Notre-Dame-de-Croaz-Batz possède l'un des plus beaux clochers de Bretagne et ses murs extérieurs présentent des sculptures de caravelles. Négociants, capitaines et corsaires n'ont pas manqué de graver dans la pierre les témoignages de leur opulence.

21. c : Le festival des Vieilles Charrues, désormais de renommée internationale, accueille les plus grands artistes de rock et de variétés devant un public nombreux. Durant quelques jours, la petite ville de Carhaix change complètement de visage.

22. a : La bisquine est originaire de Biscaye, l'une des provinces basques. Considérées comme les voiliers de pêche les plus toilés de France, les bisquines ont deux ou trois mâts supportant autant d'étages de voiles. Très adaptées à la pêche et aux conditions de mer locales, où l'amplitude des marées est particulièrement importante, ces embarcations sont encore visibles au large des parcs à huîtres de Cancale.

23. c : Capitale des Vénètes, Vannes fut fondée par les Romains au début de notre ère. À la fin du Moyen Âge, la ville s'agrandit et s'entoura de remparts. C'est au pied de ceux-ci que serpente, entre jardins fleuris et lavoirs à large toiture, le ruisseau de la Marle.

24. b : Le plus illustre des Bénodetois est Éric Tabarly. C'est ici qu'il se ressourçait et travaillait à ses projets entre deux courses. Là encore qu'il dessina les plans des *Pen Duick*, fameux bateaux dont le nom signifie « mésange à tête noire ».

25. c : Située sur la Côte de granit rose, Perros-Guirec est une station balnéaire aux plages magnifiques. « Aller au Trestraou », c'est aller peaufiner son bronzage ou se baigner... C'est aussi l'occasion d'apercevoir, au large, l'archipel des Sept-Îles, réserve ornithologique depuis 1912.

26. b : À Pleyben, il est possible d'admirer, tout en dégustant une galette sèche fameuse, le plus grand enclos paroissial de Bretagne. Le calvaire, construit dès 1555, présente une profusion de personnages sculptés reprenant en 28 scènes la vie du Christ. La vaste église abrite de nombreuses statues polychromes.

27. c : Les admirateurs de Senna et de Schumacher ou les simples amateurs de belles voitures sont comblés par la visite de ce manoir qui abrite une collection de 400 voitures de tous types et de tous âges.

28. a : La construction de la citadelle de Port-Louis revient à don Juan del Aguila, durant l'occupation espagnole. Elle débuta en 1591. Richelieu y établit la première Compagnie des Indes, initiative qui se solda par un échec. Colbert réinstalla alors la Compagnie dans le port spécialement créé de Lorient, précipitant ainsi le déclin de Port-Louis.

29. b : À Ploërmel, l'horloge ne se trompe jamais car elle est calée sur les 29,53 jours du mois lunaire et sur les 23,56 heures du jour sidéral. Cette horloge astronomique a réponse à tout : où se trouvent les étoiles, quel est le signe zodiacal du jour, quelle est la saison par rapport au Soleil, etc.

30. a : Ces haras nationaux hébergent la fine fleur de l'élevage équin breton. Ils constituent un réservoir génétique de premier choix pour les stations de monte de l'ensemble de la Bretagne. Chevaux de trait que l'on trouvait dans les fermes, trotteurs ou selles français y côtoient le fameux postier breton, espèce d'une robustesse remarquable.

31. c : Le « Blaireau » est ici un personnage incontournable puisqu'il s'agit de Bernard Hinault, célébrissime coureur cycliste natif de cette commune proche de Saint-Brieuc. Le blaireau ne lâche pas prise, on le sait... tout comme le champion le plus titré du cyclisme français, vainqueur notamment de cinq Tours de France.

32. a : *Impératrice-Eugénie*, *Normandie*, *France* et *Queen Mary II*, autant de grands paquebots construits par les chantiers navals de Saint-Nazaire. Le quatrième port de France fait partie intégrante de la ville. Soucieux d'illustrer avec exactitude un port et ses quais, Hergé ne s'est pas trompé en entraînant Tintin et le capitaine Haddock, à la poursuite du professeur Tournesol, sur le site de Saint-Nazaire.

33. b : Dans le quartier du Rosmeur, à Douarnenez, nombreuses étaient les conserveries de poissons. *Penn sardin* (« têtes de sardine ») désignait les femmes employées dans ces fabriques nées avec l'apparition de la boîte de conserve, à la fin du XIXe siècle. Le nom s'attache également à la coiffe adoptée par ces ouvrières afin de ne pas être gênées dans leur travail.

34. c : En Basse-Bretagne, où la tradition est toujours vive, le chœur d'hommes des Kanerion Pleuigner fait passer un grand frisson d'émotion. Cette vingtaine de choristes a atteint un niveau musical exceptionnel, dans un répertoire à la fois sacré et profane.

35. c : C'est au château des Rochers que la marquise de Sévigné rédigea ses fameuses lettres. À partir de 1678, elle y demeura presque continuellement. On trouve dans cette correspondance de précieuses descriptions de Rennes ou de Vannes.

36. a : La Route du Rhum est l'une des grandes épreuves de la course au large en solitaire. En témoignent le plateau réuni à chaque édition ainsi que l'immense foule présente au départ le long des côtes bretonnes. Le parcours de la Route du Rhum n'a jamais changé : départ de Saint-Malo et arrivée en Guadeloupe. Cette course de 3 510 milles nautiques a lieu tous les quatre ans. Lors de la première édition, en 1978, il fallut au vainqueur, le Canadien Mike Birch, 23 jours 6 heures et 59 minutes pour rallier l'arrivée. En 2006, le gagnant, Lionel Lemonchois, ne mit que 7 jours 17 heures et 19 minutes pour traverser l'océan !

37. b : Qu'ils exercent en eau douce ou en mer, les pêcheurs doivent beaucoup à Monsieur Ragot. C'est lui qui, faisant d'une passion son métier, fabriqua des mouches pour la pêche de la truite, avec des plumes montées à la main.

38. a : La fontaine dite « la Plomée » fut élevée au XVe siècle. Elle est composée de deux vasques en plomb surmontant une vasque en granit. Les ipomées sont des fleurs aux couleurs éclatantes qui s'épanouissent très à leur aise le long des murs de la belle ville de Guingamp.

39. a : Elles s'appellent Sainte-Marine, la Chambre du Diable ou l'Autel : ce sont les grottes sous-marines de Morgat. Les plus grandes, d'une profondeur de 80 mètres pour une hauteur de 15 mètres, ne sont accessibles que par bateau. À proximité, d'autres, plus modestes, peuvent être visitées à marée basse.

40. c : Dans ses *Mémoires d'outre-tombe*, Chateaubriand évoque d'abord ses années de jeunesse au château de Combourg. Fils d'aristocrates bretons désargentés, il rêvait de devenir prêtre. Taciturne et livré à lui-même, l'enfant passait des heures à méditer dans l'immensité des salles ou à travers bois et landes environnants : « C'est dans les bois de Combourg que je suis devenu ce que je suis. » Sa dépouille repose face au large, sur l'île du Grand Bé, accessible à marée basse depuis les remparts de Saint-Malo.

41. c : Moine franciscain et héros de la lutte contre la peste, la petite statue de *Santig du* (« le petit saint noir ») fait encore l'objet d'un culte bien particulier. Des denrées alimentaires sont, chaque jour, déposées pour les pauvres au pied de la cathédrale Saint-Corentin. Celle-ci fut bâtie au XIIIe siècle dans le style gothique, et ses deux flèches furent ajoutées en 1856. Leur édification amena le diocèse à prélever un impôt sur les fidèles, contribution qu'on appela le *sou de Corentin*, et qui inspira même une chanson :
« Et les sous de Léon, les sous de Cornouaille / Tombèrent dru, si dru dans les plats d'étain / Qu'on acheva ses tours au grand saint Corentin… »

42. b : Cité deux fois millénaire, Rennes fut tour à tour capitale des Redones à l'époque celtique, ville du sacre au temps des ducs de Bretagne, siège de l'intendance sous l'Ancien Régime et, enfin, capitale de la région Bretagne. Construit au XVIIe siècle, le Parlement fut gravement endommagé par un dramatique incendie en 1994. Après une reconstruction à l'identique et la restauration des œuvres qu'il renfermait, le palais du Parlement de Bretagne a retrouvé, en 1999, sa place de haute valeur symbolique dans le patrimoine architectural de la ville.

43. a : Les romans d'Auguste Le Breton (1913-1999), plus criminels que policiers, décrivent l'univers des truands et des règlements de comptes en tout genre. Ses œuvres les plus connues, *Du rififi chez les hommes* et *Razzia sur la chnouf*, se verront portées à l'écran dans les années 1950-1960.

44. b : Construit en 1510, le pont de Rohan est l'un des derniers ponts habités d'Europe. Sous ses arches, la mer épouse la rivière car Landerneau, arrosée par l'Elorn, doit son implantation et son développement à sa position de carrefour. Les riches couleurs des maisons d'armateurs témoignent du dynamisme de la ville, lié au commerce des toiles de lin.

45. a : Arrosée par trois rivières (l'Ellé et l'Isole qui forment la Laïta), Quimperlé vit naître de nombreux défenseurs de la culture bretonne, tel le plus illustre des sonneurs de bombarde, Matilin an Dall. Théodore Hersart de la Villemarqué, poète de chants populaires, donna une œuvre de référence avec son recueil *Barzaz Breiz* qui révéla la qualité de la littérature orale et du chant en Bretagne.

46. c : Installé dans une maison noble du XVe siècle, le « Marquisat » présente l'intérieur d'une maison bretonne du début du XXe siècle. Avec une réelle authenticité, mobilier et objets d'époque sont mis en scène dans les moindres détails. Le visiteur a l'impression que les habitants du lieu se sont absentés quelques minutes... On peut y voir aussi des coiffes locales (*kapenn*, *penn sardin*, *sénane*), cette région du cap Sizun restant un carrefour important de la tradition bretonne.

47. b : Il faut monter 158 marches pour apercevoir la Noguette. Mais on peut se contenter d'attendre sagement en bas qu'elle se mette à tinter. Car la Noguette est l'une des cloches installées dans la Tour de l'horloge, beffroi construit en 1470 et dominant la ville du haut de ses 43 mètres. Les cloches avertissaient de l'ouverture et de la fermeture des portes de la cité. Jusqu'en 1880, la Noguette annonçait plus spécialement l'ouverture des séances du conseil municipal.

48. b : On pourrait croire la ville de Brest grise et froide, alors qu'elle est, tout au contraire, chaleureuse et attachante. L'ambiance mise par les « P'tits Zefs », surnom donné aux Brestois, y est sans doute pour beaucoup. Sur l'autre rive de la rivière Penfeld, les habitants du populaire quartier de Recouvrance sont, quant à eux, appelés les « Yannick ».

49. a : Châtelaudren fut longtemps chère au cœur des couturières. En 1920, cette ancienne capitale du Goëlo vit s'implanter le fameux *Petit Écho de la Mode* avec sa manufacture de patrons-modèles, diffusés dans tous les foyers français. Les turbines des usines étaient activées par la rivière Leff qui baigne cette Petite Cité de caractère.

50. b : Les affectations de la Cohue changèrent au fil de l'histoire. Construit au XIIe siècle puis agrandi au XIVe, ce bâtiment servit en même temps de halles et de tribunal : la salle basse accueillait de petites échoppes tandis qu'on rendait la justice à l'étage. Puis le Parlement de Bretagne s'y installa jusqu'à la Révolution. Enfin, la Cohue devint un théâtre avant d'être restaurée, en 1950, pour accueillir le musée des Beaux-Arts.

51. b : Qu'ils soient de porc, de cheval, d'écureuil, de martre, de putois ou de blaireau, les poils et soies destinés à garnir les pinceaux arrivent depuis plus d'un siècle à Saint-Brieuc. La tradition est ancienne et le savoir-faire exclusif.

52. b : Au XVe siècle, tandis que Nantes s'affirme comme la capitale de la Bretagne, Jean V fait bâtir le château ducal. Si son premier rôle fut celui de forteresse en bordure de Loire, il subit de nombreuses modifications au gré des guerres et des humeurs royales. C'est dans ce château que François Ier donna, en 1532, l'édit prononçant « l'union perpétuelle des pays et duché de Bretagne avec le royaume de France ».

53. a : Les jeunes habitantes de Pluneret sont certainement des « petites filles modèles » car la comtesse de Ségur repose, selon sa volonté, dans ce village où elle fit de nombreux séjours. Sophie Rostopchine eut huit enfants et attendit d'être grand-mère pour écrire, s'inspirant de ses propres petites-filles. Colette, elle aussi, adorait la Bretagne, passant tous les étés de 1910 à 1926 dans sa villa de Rozven près de Saint-Malo. Quant à Berthe Sylva, née Faquet, inoubliable interprète des *Roses blanches*, elle était native de Saint-Brieuc.

54. a : Jean-Marie Le Doaré prit Châteaulin en photo et en fit une carte postale… avant de traverser la Bretagne pour immortaliser les scènes de fêtes et de vie quotidienne au début du XXe siècle. Puis ce fut au tour du bord de mer d'être immortalisé sur ces cartes qui faisaient la joie de leurs destinataires.

55. b : Victor Hugo livrait ainsi ses impressions de Vitré dans *Notre-Dame de Paris*. Forteresse dès le XIe siècle, la ville s'entoura d'une enceinte entre 1220 et 1240, et prospéra ensuite grâce au commerce des draps et des toiles de chanvre appelées « canevas ».

6. Spécialités et gourmandises

1. c : Le crabe tourteau peut être appelé dormeur, mais également crabe-de-lune ou poing-clos. Sa croissance entraîne des mues successives et il quitte les zones littorales à l'âge adulte pour rejoindre les grands fonds où il sera pêché. Sa taille réglementaire de pêche est de 13 centimètres. Il tient une place de choix sur les plateaux de fruits de mer en compagnie des araignées et autres étrilles.

2. a : Douce Moën, Peau de Chien, Kermerrien… sont quelques-uns des noms donnés aux variétés de pomme douces ou amères qui entrent dans la composition du cidre breton, produit en sec, demi-sec, brut ou doux. Chaque cidre tire sa personnalité de la nature du sol, du microclimat et, bien sûr, des variétés de pomme choisies. La notion de terroir apparaît donc clairement à la dégustation ; depuis 1995, le cidre fait l'objet d'appellations d'origine contrôlées.

3. a : Il y a un demi-siècle encore, la Bretagne ne connaissait que l'huître plate, la plus renommée étant la belon, au parfum unique de noisette iodée. L'huître creuse n'est arrivée que plus tard, en provenance du Portugal et du Japon. Elle est devenue l'huître fine de Bretagne, la plus consommée de nos jours. La grosse huître sauvage est appelée pied-de-cheval lorsqu'elle atteint un calibre défini ; il n'est pas rare d'en ramasser sur les côtes bretonnes. Au total, douze crus principaux, aux goûts bien marqués, sont reconnus. L'huître se consomme traditionnellement fraîche, parfois agrémentée d'un filet de jus de citron, de vinaigre ou d'un peu d'échalote. Elle s'accompagne de pain de seigle et, bien sûr, de beurre salé.

4. a : *Kouign amann* peut se traduire par gâteau et... beurre. Il s'agit d'une pâte à pain fermentée sur laquelle sont étendus le beurre et le sucre. Son origine remonterait vers 1865, époque à laquelle la farine faisait défaut alors que le beurre était produit en abondance. Sa paternité est attribuée à un boulanger de Douarnenez. Le *kouign amann* est difficile à réaliser : « Le fait qui veut, le réussit qui peut », dit le proverbe. Mais le bonheur n'est pas loin lorsque cette pâtisserie feuilletée et caramélisée est servie, légèrement tiède comme il se doit.

5. b : Vivant en colonie sur les terrains vaseux à proximité des marais salants, la salicorne porte bien son nom de « cornichon de mer ». Son mode de conservation dans le vinaigre et son usage culinaire sont identiques à ceux du célèbre condiment. Récoltée au printemps et au début de l'été, cette petite tige verte, tendre et croquante, accompagne charcuteries et viandes froides. Elle peut aussi être utilisée fraîche comme légume de garniture, cuite à l'eau bouillante comme des haricots verts ou poêlée, avec de l'ail par exemple.

6. a : Le nom de cotriade dérive du mot *kaoter* qui désigne le chaudron dans lequel, autrefois, on servait sur les bateaux cette soupe préparée par le mousse. Elle était à terre composée avec la part du pêcheur. Elle se prépare avec des poissons pêchés dans la région (maquereau, congre, merlan...) auxquels on ajoute pommes de terre, oignons et ail. Lorsqu'elle est préparée avec des poissons plus modestes, elle prend le nom de « godaille ». Il y a autant de recettes de cotriade que de ports de pêche en Bretagne !

7. b : Créés en 1920 par les époux Le Villain, ces biscuits prirent d'abord la forme de palets en pâte sablée. Les galettes, plus fines, n'apparurent que plus tard. Et comme, à Pont-Aven, tout est lié, les boîtes de gâteaux furent décorées de reproductions de toiles de Gauguin, en référence à la célèbre école de peinture locale. Ces gâteaux *Traou mad* peuvent vraiment se traduire par « les bonnes choses »... surtout lorsqu'ils accompagnent une tasse de thé ou de café.

8. c : Le craquelin a une longue histoire car il était déjà consommé au Moyen Âge sous le nom d'échaudé. Cette gourmandise à base de farine, d'œufs et d'eau est légère et même aérienne. De la taille d'une belle biscotte et d'aspect bombé, le craquelin se garnit de confiture ou de beurre salé. Le petit craquelin accompagne merveilleusement une noix de Saint-Jacques poêlée.

9. b : Le lait ribot a depuis longtemps sa place sur les tables bretonnes. Il s'agit d'un lait baratté préparé dans les fermes à la suite de la fabrication du beurre. Désaltérant, ce petit-lait peut se consommer avec des galettes de blé noir, des pommes de terre à l'eau ou des châtaignes encore chaudes.

10. c : Connu sous le nom d'hydromel, le *chouchen* était la boisson des druides. Issu de la fermentation de miel dans de l'eau, mélange auquel on ajoute cidre ou moût, il apporte chaleur et réconfort. Né dans le pays de Rosporden, il a essaimé un peu partout, suivant en cela le renouveau celtique des dernières décennies. Il était autrefois qualifié d'aphrodisiaque et la tradition voulait que les jeunes mariés en boivent un verre avant leur nuit de noces.

11. b : Même si les modes de cuisson ont évolué, il arrive encore de voir un *billig* au coin d'une cheminée. Cette plaque de fonte, de forme ronde, sert à cuire crêpes et galettes à la chaleur des flammes. Le *billig* est posé sur un trépied tandis que le feu est alimenté en bois de fagot pour une chauffe constante de la plaque. Cette cuisson donne un goût unique aux crêpes et galettes qu'une spatule ou un râteau manipulé habilement étale sur le *billig*.

12. c : Est-il recette plus simple que celle du far breton ? De la farine, des œufs, du sucre et du lait constituent la préparation de base qui est versée dans un plat beurré. Reste à y ajouter pruneaux, raisins secs ou fraises selon les goûts. Et encore cannelle, rhum ou essence de bergamote. Il suffit d'attendre que la cuisson fasse son œuvre, puis de le laisser complètement refroidir avant de le déguster.

13. b : La volaille bretonne a acquis ses lettres de noblesse. Après la poularde de Janzé, produit de haut de gamme distingué par un Label rouge, c'est au tour du Coucou de Rennes de faire son retour sur les tables. Il s'agit d'une poulette au plumage gris-bleu dont la chair serrée et succulente offre un petit goût sucré.

14. c : Même si elle se rencontre en d'autres endroits des côtes bretonnes, la coquille Saint-Jacques se pêche, ou plutôt se drague, principalement en baie de Saint-Brieuc. La zone est délimitée d'Erquy, devenue capitale de la Saint-Jacques, à Saint-Quay-Portrieux, à l'ouest, où cette pêche est également très active. Les saisons sont courtes et les horaires de pêche très réglementés : quelques minutes seulement avant ou après la pleine mer.

15. c : Accroché aux rochers dans les zones où se trouvent les algues dont il se nourrit, l'ormeau est un mollusque rare, aisément reconnaissable à sa coquille perforée. Sa pêche fait l'objet d'une réglementation bien précise car le braconnage est intense. Son prix de vente est élevé.

16. b : Ovale, striée et crénelée, la coque se pêche à basse mer avec un râteau à 5 ou 10 cm de profondeur. Son nom de « coquillage du pauvre » vient de la densité qu'elle peut atteindre dans les zones sableuses de marée : jusqu'à cent au mètre carré ! Il est indispensable de faire tremper les coques dans de l'eau de mer – ou de l'eau salée – afin qu'elles rendent leur sable, avant de les préparer à la marinière. Croquantes, elles possèdent une saveur iodée unique.

17. b : Le mot dérive de « frigoussière », ancien nom donné à une cocotte, et évoque les bonnes odeurs de cuisine. Il s'agit d'une préparation du pays gallo, de tradition très ancienne, qui retrouve désormais son rang dans la cuisine bretonne. Cette fricassée de volaille est flambée à l'eau-de-vie et cuisinée au cidre avec lardons et marrons. L'affaire est si sérieuse que les amateurs peuvent, en cas de nécessité, s'adresser au Grand Ordre de la Frigousse.

18. a : Traditionnel plat du Léon, le *kig ha farz* (viande et farce) n'est autre que le pot-au-feu breton. Préparé à base de viande de porc dessalée, à laquelle on ajoute des légumes de la production locale, sa particularité réside dans la réalisation d'une pâte (le *far*) que l'on enferme dans un sac de toile pour la cuire, et qui est servie en accompagnement de la préparation principale.

19. b : Le *lambig* est l'eau-de-vie de cidre bretonne. Le mot est emprunté à l'alambic, appareil de chauffe utilisé pour la distillation. Les bouilleurs de cru ne manquaient jamais d'activité car le droit de faire de l'alcool était accordé à de très nombreux agriculteurs. Une barrique de 225 litres de cidre donne 20 litres de *lambig*, titrant 40° d'alcool. Vieilli durant quatre ans en fût de chêne, le *lambig* devient une Fine de Bretagne. Excellent digestif, il est aussi fort utilisé en cuisine.

20. c : Les Bretons ne font pas les choses à moitié. Chaque année, après la Pentecôte, le beurre fait l'objet d'un pardon dans le cadre verdoyant de la chapelle Notre-Dame-du-Krann à Spézet. La statue de la Vierge est revêtue pour l'occasion d'une cape de couleur crème et des mottes de beurre sculptées lui sont offertes.

21. c : Au-delà de ses productions maraîchères de légumes ou de fleurs en serre, la presqu'île de Plougastel a fait de la fraise une véritable reine. Depuis 1716 et son implantation dans la région par Amédée-François Frézier, qui en avait rapporté quelques plants du Chili, la fraise est indissociable de Plougastel. La saveur unique et acidulée de cette fraise, due au climat et à une terre favorable à sa culture, comble de plaisir le vrai connaisseur qui préférera la consommer nature.

22. b : Si le homard possède des yeux magnifiques, il ne perçoit pas les couleurs. Les pêcheurs misent donc sur sa gourmandise ! La *boëte* est une grosse boulette composée de restes de poissons dont le homard raffole. Placée au fond du casier, elle l'attire, la nuit, vers le piège. Si le sombre et redoutable prince des mers est agressif vis-à-vis de ses congénères, il est plus impitoyable encore avec ses proies qu'il assomme d'un coup de sa grosse pince pour les broyer ensuite à l'aide de la petite.

23. a : Le muscadet est un vin blanc sec, fin et bouqueté, issu d'un cépage unique, le melon de Bourgogne. Quatre appellations d'origine contrôlée se distinguent suivant la situation géographique : muscadet, muscadet-coteaux-de-la-loire, muscadet-sèvre-et-maine et muscadet-côtes-de-grand-lieu. Les muscadets tirés sur lie offrent un côté perlant et aromatique qui s'accorde avec n'importe quel produit de la mer. Quant à la folle blanche, d'origine charentaise, elle est l'unique cépage du gros-plant du pays nantais qui sait, lui aussi, escorter n'importe quel plateau de fruits de mer.

24. b : L'andouille de Guéméné se différencie des autres productions par sa préparation, les chaudins enroulés les uns sur les autres ayant mariné plusieurs semaines dans la saumure. La Confrérie des goustiers de l'andouille se charge de défendre la qualité et l'authenticité du produit qui honore avec éclat la cuisine bretonne.

25. b : C'est à la surface des œillets, bassins à travers lesquels transite l'eau de mer, que le paludier récolte la fleur de sel, à l'incomparable goût de violette. Durant l'été, chaque œillet peut en fournir de 3 à 5 kilos. Le sel gris ou gros sel, dont la production est beaucoup plus importante, se dépose au fond du bassin avant d'être remonté à la surface. Le sel de Guérande a pour particularité de se dissoudre très rapidement dans l'eau de cuisson et de conserver aux aliments leur saveur originelle.

7. Histoire

1. c : Ce furent des moines venus d'Irlande et d'Angleterre qui arrivèrent les premiers sur les côtes bretonnes à la fin du IIIe siècle pour évangéliser la région. L'Irlandais Ronan fonda les villes de Saint-Ronan et Locronan, et Saint-Pol-Aurélien accosta sur l'île d'Ouessant avant de partir prêcher dans la région de Saint-Pol-de-Léon.

2. a : Natif d'Auray (Morbihan) et fils d'agriculteur, Georges Cadoudal devint rapidement un chef de la Chouannerie en 1793. Menant un combat sans merci, il attaqua avec d'autres meneurs, comme La Rouërie, Guillemot ou Sol de Grisolles, les garnisons isolées, les convois d'argent et de munitions. Sa tentative d'enlever le Premier consul lui fut fatale : arrêté, il fut condamné et exécuté en 1804.

3. b : Pour remplir ses caisses, Louis XIV imposa, en 1675, la rédaction des actes judiciaires et notariés sur du papier timbré, c'est-à-dire taxé. Il rétablit aussi le monopole du tabac et taxa la vaisselle d'étain. Croulant déjà sous de nombreuses taxes, la population n'accepta pas ces nouveaux impôts. La révolte éclata à Rennes, où l'on pilla des bureaux du timbre et du tabac, se propagea vers le

Centre-Bretagne puis vers le Léon et Nantes. Très sévère, la répression par les troupes royales fit des milliers de victimes. En Cornouaille, où l'on contestait non seulement les nouvelles taxes, mais aussi les lois seigneuriales, le soulèvement prit le nom de révolte des Bonnets rouges.

4. c : Né, vers 1320, à La Motte-Broons dans la campagne environnante, c'est à Dinan que Bertrand Du Guesclin affrontait en duel ses ennemis anglais. Son fait d'arme le plus marquant fut son combat contre le chevalier Cantorbery qui, vaincu, dut lui rendre les armes et verser la somme de 1 000 florins. À la mort du connétable, dont la bravoure est restée légendaire, les possessions de la couronne de France s'étaient nettement agrandies aux dépens des Anglais. Toutefois, l'action de Du Guesclin reste controversée en Bretagne où l'on juge que ses rapports très étroits avec la couronne de France ont pu desservir la région.

5. a : Face à l'Oust, ce splendide château possède des allures de forteresse. Édifié au XIe siècle sur un éperon rocheux par le vicomte de Porhoët, il fut détruit par Henri II Plantagenêt en 1154. Olivier V de Clisson reconstruira au XIVe siècle une imposante citadelle munie de huit tours et d'un donjon. Anne de Bretagne le transmettra définitivement à la famille de Rohan en 1488. Depuis cette date, ce splendide château, d'une grande richesse architecturale, porte allégrement la devise : « Roi ne puis, Prince ne daigne, Rohan suis. »

6. b : Portant alors le nom de Loire-Inférieure, le département subit en 1956 le programme d'aménagement du territoire et de restructuration des régions. Il fut ainsi retiré de la région Bretagne et intégré à la région Pays-de-la- Loire, en vertu de considérations économiques et de transports. On ne peut que s'étonner de voir ainsi Nantes, ancienne capitale des ducs de Bretagne, ou Guérande, au riche passé historique, quitter la région… Cela n'empêche nullement les échanges culturels entre ce département et la Bretagne qui n'a pas de frontières.

7. b : Aux XVIe et XVIIe siècles, la Bretagne bénéficia d'une très large autonomie vis-à-vis de l'État. Son trafic maritime ne cessa de croître et elle participa activement au développement du commerce international. Elle fut surnommée « le petit Pérou », alors qu'elle connaissait, simultanément, un épanouissement culturel sans précédent.

8. c : Il devait bien se trouver quelque place pour les prisonniers dans ce château médiéval des seigneurs de Tournemine édifié pour surveiller le cours de l'Arguenon. Mais la tour de la Glacière ne doit son nom qu'à son orientation géographique : plein nord.

9. b : Portsall portait-elle un nom prédestiné ? La localité, située sur la commune de Ploudalmézeau, ne fut cependant que la première touchée puisque l'ensemble des côtes bretonnes eut à souffrir de cette marée noire. Toute la région se mobilisa longuement afin d'effacer les traces de pollution. Aujourd'hui, l'épave du tanker gît au large de Portsall et, sur le port, son ancre de 20 tonnes perpétue le souvenir d'un drame qui ne connut son dénouement juridique devant les tribunaux américains qu'en 1992.

10. b : L'unité de la Bretagne fut proclamée au IXe siècle. Nominoé, seigneur vannetais fait gouverneur par Louis le Pieux, se révolta et créa une dynastie royale indépendante. Il rassembla sous son autorité toute la Bretagne, dont l'indépendance se vit finalement reconnue en 846 par Charles le Chauve. Nominoé mourut en 851 alors qu'il marchait vers la Seine après avoir conquis le Maine et l'Anjou.

11. a : À cette époque, Rennes était déjà une ville importante aux maisons en bois et aux ruelles étroites. Le 29 décembre, le feu prit dans une menuiserie avant de réduire en cendres plus de 900 maisons à colombages.

12. b : L'intention de Cartier était de gagner les terres du Labrador et de Terre-Neuve, région où il pensait trouver de l'or. C'est au cours de ce périple que le navigateur découvrit, en 1534, l'estuaire du fleuve Saint-Laurent. Il en prit possession au nom du roi de France et appela la région Canada. Celle du Québec fut, quant à elle, colonisée par Champlain qui fonda la ville de Québec en 1608.

13. a : Depuis sa création, en 1790, le département des Côtes-du-Nord ne cessa jamais d'honorer ses traditions, entre Armor et Argoat. C'est en 1990 qu'il prit le nom de Côtes-d'Armor (côtes de la mer), jugé plus attractif par le Conseil général.

14. b : En 1532, le traité d'union qui lie la Bretagne à la France mit fin à l'indépendance du duché de Bretagne. Il résultait des mariages successifs d'Anne de Bretagne avec Charles VIII puis avec Louis XII. À sa mort, sa fille, Claude de France, devint duchesse avant d'épouser François d'Angoulême, futur François Ier qui fit ratifier l'Union.

15. a : Le marquis de Pontcallec était un noble sans le sou qui vivait de trafics divers. Opposant à la fiscalité écrasante de l'État, il entendait voir appliquées les règles du traité de l'Union de 1532 entre la Bretagne et la France. Il rassembla donc quelques partisans et obtint le soutien théorique des Espagnols, très présents à Lorient, pour prendre la tête d'un soulèvement antifiscal contre le Régent. Le complot tourna court. Le « dernier vrai chevalier breton », comme il est dit parfois, fut arrêté avec six complices et exécuté à Nantes.

16. c : L'appel à la résistance lancé, depuis Londres, en juin 1940 fut entendu par le gardien du phare qui écoutait la BBC. Sans attendre, 121 hommes valides rejoignirent l'Angleterre, ne laissant que très peu de monde sur l'île. Cette réaction si vive fit dire à Paul Marin, speaker de Radio-Londres : « L'île de Sein, mais c'est le quart de la France ! », les Sénans représentant un fort pourcentage des résistants de la première heure.

17. b : C'est au centre des Télécommunications de Pleumeur-Bodou (Côtes-d'Armor), équipé de son fameux radôme, que la première liaison transatlantique eut lieu le 11 juillet 1962 par le biais du satellite Telstar. Le site recevait et relayait les signaux envoyés par les satellites géostationnaires en orbite à 36 000 kilomètres d'altitude. Avec ses quinze antennes géantes, ce centre, qui cessa d'émettre en 2003, permit notamment aux téléspectateurs français de suivre en direct les premiers pas de l'homme sur la Lune le 21 juillet 1969.

18. b : Il ne faisait pas bon croiser la route de Marie Tromel, dite Marion du Faouët, au XVIIIe siècle. À la tête de la Compagnie Finefont, forte d'une quarantaine d'hommes, elle dépouillait ses victimes, en évitant toutefois de verser le sang. Les gaillards s'en prenaient principalement aux étrangers à la région et aux riches marchands revenant des foires. Marion du Faouët fut arrêtée à Nantes ; soumise à la torture, elle ne desserra pas les lèvres, et fut pendue à Quimper en 1755.

19. c : En 1924, l'économie était en crise et les patrons refusaient d'accéder aux demandes d'amélioration des pénibles conditions de travail des sardinières de Douarnenez. Partie de l'usine Carnaud, la grève gagna les autres conserveries. Les syndicats parvinrent à donner au mouvement une répercussion nationale en dépit de l'apparition d'un briseur de grève professionnel, Léon Raynier. Ponctué de manifestations et d'incidents graves, le conflit dura 42 jours ; il prit fin avec un attentat sur la personne du maire et l'obtention d'un accord.

20. c : La guerre pour la succession de Jean III opposa, au XIVe siècle, Jean de Montfort à Charles de Blois. Le premier, soutenu par les Anglais, trouvait ses partisans dans les villes et en Basse-Bretagne. Le second était l'homme du duché de Penthièvre et de la couronne de France. Du Guesclin figurait parmi ses vassaux. Pendant vingt ans, la guerre s'enlisa en une suite d'escarmouches. La bataille d'Auray, en 1364, et la défaite de Charles de Blois, tué par son rival, marquèrent la fin des hostilités, laissant la Bretagne économiquement et humainement ruinée.

8. Terre de religion

1. b : La bannière paroissiale est un symbole religieux fort. Elle repose sur le *penn bas*, qui fait donc office de mât. Riche tissu chargé de broderies et de perles, l'emblème est dédié au saint patron de la paroisse. Et gare au coup de *penn bas* ! Si la tradition veut que deux porteurs se saluent lorsqu'ils se croisent au cours des pardons, la rivalité entre paroisses s'exprima parfois, dans le passé, par la mise en lambeaux de certaines bannières.

2. c : Tradition propre à la Bretagne, le « pardon » est la fête annuelle du saint patron local. Les pardons de grande tradition religieuse (Saint-Anne-d'Auray le 26 juillet ou Notre-Dame-du-Roncier, à Josselin, le 8 septembre) se doublent d'autres cérémonies mettant à l'honneur les animaux, tels les chevaux à Quistinic, ou une confrérie particulière, par exemple celle des motards. Les chevaliers sur deux roues sont bénis, au mois d'août, lors du pardon de la « Madone des motards », à Porcaro.

3. b : Du fond de la rade de Brest, Landévennec invite à l'exotisme alors que palmiers, mimosas et hortensias profitent d'un climat d'une étonnante douceur. Cette clémence météorologique ne fut sans doute pas étrangère à la décision des fondateurs de l'abbaye de bâtir ici ce remarquable ensemble, le plus ancien sanctuaire breton. Fondée par saint Guénolé au Ve siècle, l'abbaye subit de nombreux tourments : brûlée par les Normands et attaquée par les Anglais, elle perdit définitivement son rôle religieux durant la Révolution. Elle fait désormais l'objet de rénovations soignées.

4. c : Nul Breton n'ignorait la vie des sept saints fondateurs grâce à la lecture du *Livre des Saints*, présent dans chaque foyer. Arrivés du pays de Galles, d'Irlande et d'Angleterre, ils fondèrent chacun l'un des sept évêchés de Bretagne. Ainsi, Patern est-il associé à Vannes, Corentin à Quimper, Brieuc à Saint-Brieuc, Tugdual à Tréguier, Sanson à Dol, Pol à Saint-Pol-de-Léon et ... Malo à Saint-Malo.

5. b : Accomplir le *Tro Breizh*, c'est effectuer une marche de plus de 600 km qui passe par chacun des sept évêchés bretons. Entre le XIIe et le XVIe siècles, plus de dix mille pèlerins se mettaient en route chaque année à la fin des moissons. Bien qu'ils soient beaucoup moins nombreux de nos jours, la tradition perdure ; on assure, en effet, que chacun doit avoir accompli au moins une fois ce périple s'il souhaite accéder au paradis. Ceux qui penseraient pouvoir se dispenser de l'exercice devront parcourir la même distance au purgatoire en avançant de la longueur d'un cercueil tous les sept ans !

6. c : L'enclos paroissial se situe toujours au centre de la commune ; il est le lieu où les vivants rencontrent leurs morts. Les enclos les plus riches artistiquement se situent entre Cornouaille et Léon (Pleyben, Plougastel-Daoulas, Saint-Thégonnec). L'enclos typique est cerné d'un muret de pierre dont la porte triomphale orientée vers le sud, symbole de lumière, marque l'entrée. Cette enceinte entoure le calvaire, habituellement situé sur le passage des fidèles, l'église qui se dresse au centre du cimetière et, enfin, l'ossuaire, adossé au muret ou au sanctuaire lui-même.

7. a : Le culte des fontaines sacrées est particulièrement développé en Bretagne. Elles font l'objet de rites de divination, de protection, de fécondation ou de guérison. Lorsqu'un malade désire invoquer saint Adrien afin de soulager ses maux de ventre, il lui est recommandé de boire l'eau de la fontaine qui surgit en deux endroits à l'intérieur de la chapelle. Si cette première action est sans effet, il pourra appuyer la région douloureuse contre une autre fontaine ornée de croix celtiques adossée à un mur extérieur du sanctuaire.

8. b : Construite au XIIIe siècle dans l'anse de Kerity, l'abbaye maritime de Beauport fait office de dernier rempart avant la mer. Elle accueillait les pèlerins en provenance des îles britanniques qui se rendaient à Saint-Jacques-de-Compostelle. Sa beauté et sa situation lui valent d'être devenue un haut lieu de spectacles culturels.

9. c : « Monsieur saint Yves » est le plus populaire des saints bretons. Son évocation appelle celle de la ville de Tréguier, qui lui rend hommage chaque année en honorant son tombeau dans la cathédrale Saint-Tugdual. Né en 1253 à proximité de Tréguier, Yves Hélouri fut canonisé cinquante ans après sa mort pour ses qualités de bonté et d'équité. Le 19 mai, jour de la Saint-Yves, est ainsi devenu le jour des avocats et des juristes.

10. b : Le calvaire de l'enclos de Guimiliau, construit entre 1581 et 1588, doit sa renommée à la richesse artistique de ses sculptures. Pas moins de deux cents figures s'y reconnaissent, sans ordre chronologique précis. Dix-sept scènes illustrent la Passion du Christ et l'un des bas-reliefs évoque la tentation d'Adam et Ève. L'Enfer est également représenté sous la forme du diable poussant une femme dans le trou des damnés ; la composition fait référence à la légende de Katell Gollet (Catherine perdue), laquelle, emportée par la luxure, aurait pris le diable pour amant.

11. b : Non, le visiteur n'a pas la berlue ! Ce clocher de plomb penche bel et bien dangereusement. En raison d'une rupture des madriers, la flèche s'incline vers l'ouest alors que le clocher penche à l'est. Fondée par un moine irlandais réputé guérir les fièvres, la chapelle abrite de riches peintures et sculptures. La légende dit que les marins grattaient un peu de terre du tombeau de saint Gonery afin de bénéficier en mer de sa protection.

12. b : Les troménies sont des pardons. La Petite Troménie de Locronan se déroule chaque année et se rend au sommet de la montagne Saint-Ronan, à quelques encablures de la ville. La Grande Troménie prend forme tous les six ans et emmène les pèlerins sur un parcours de 12 kilomètres correspondant au tour de la montagne. Ce circuit jalonné de douze stations où les marcheurs doivent s'arrêter n'admet aucun écart.

13. a : Sur le port de Camaret, cette chapelle construite au XVIIe siècle en pierre jaune de Logonna accueillait les fidèles venus des pays nordiques et se rendant en pèlerinage à Rocamadour, dans le Lot. Vénérée par les marins, la chapelle est assortie d'une légende : son clocher, abattu durant la bataille de Trez Rouz en 1694, ne fut jamais reconstruit car il est dit que Notre-Dame-de-Rocamadour renvoya le boulet sur le vaisseau agresseur qui coula aussitôt.

14. b : Pierre Loti décrivait ainsi Saint-Pol-de-Léon. Mais évoquait-il l'ancienne cathédrale dont la façade est dominée par deux tours hautes de 50 mètres et dont la richesse démontre la ferveur du pays léonard ? Ou parlait-il de la chapelle du Kreisker dont le clocher, culminant à 78 mètres, est le plus élevé de Bretagne ?

15. c : Les mille habitants de cette petite commune du Morbihan possèdent une incroyable chapelle, bâtie à cheval sur la route ! Elle se trouve à l'emplacement exact où un chevalier aurait perdu, par deux fois, un fragment de la croix du Christ, le retrouvant chaque fois au même endroit : il fut alors décidé d'y construire une chapelle à deux niveaux sans détourner la route.

9. Terre de légendes et de pierres levées

1. a : Gradlon le Grand était roi de Cornouaille dont la ville d'Ys, située selon la légende au large de Douarnenez, était la capitale. Construite au-dessous du niveau de la mer, la ville était protégée par des écluses qui permettaient aux habitants d'aller pêcher. Seul Gradlon possédait la clé en or qui ouvrait et fermait ces écluses. Lorsque l'île fut détruite par les flots, Gradlon parvint à s'échapper avec l'aide de saint Guénolé. Sur son cheval marin, il triompha des vagues et trouva refuge à Quimper, dont il fit sa nouvelle capitale.

2. c : La jeune Dahut était la fille de Gradlon. Elle qui rêvait d'une cité jouissant de la richesse et de la joie de vivre accusa Corentin, évêque de Quimper, d'avoir rendu la ville d'Ys triste et ennuyeuse. Chaque soir, elle faisait venir un nouvel amant, l'obligeant à porter un masque de soie ; à l'aube, ce masque se transformait en griffes tuant le visiteur sur le coup. Mais il arriva, un soir, un prince tout de rouge vêtu qui n'était autre que le diable venu punir la ville pécheresse. Par amour pour lui, Dahut déroba la clé d'or de son père et la lui offrit ; le diable en profita pour ouvrir les écluses, libérant les flots qui engloutirent la ville.

3. c : Entourées par les landes sauvages des monts d'Arrée, de vastes tourbières précèdent le lac Saint-Michel. C'est sur ce site lugubre qu'ouvre le Youdig, l'une des portes de l'enfer. Par ce trou couvert d'herbes et bouillonnant d'eau croupie, les damnés s'enfonçaient jadis dans l'éternité. Ici commence le sortilège de Yeun Elez, le marais de l'enfer.

4. a : Belen est le grand dieu solaire du monde celte. Les Irlandais lui consacraient, le 1er mai, la fête de Beltaine [feu de Bel]. Certains sommets bretons sont devenus des lieux du culte de Belen, comme le site de Bel Air à Collinée [Côtes-d'Armor], culminant à 349 mètres au-dessus des landes du Méné. Vénérée avec ferveur, la divinité participait au rite de la mort et de la résurrection.

5. b : La rencontre avec l'Ankou laissait inévitablement augurer de mauvais instants. Représenté sous la forme d'un squelette portant une faux et circulant la nuit sur un chariot grinçant [*karrig an Ankou*], il terrassait sur-le-champ quiconque l'entendait arriver. Fréquemment sculpté sur les lieux de culte, l'Ankou apparaît ainsi sur l'ossuaire de Brasparts avec cette formule « Je vous veux tous », qui sonne comme un rappel à l'ordre à l'adresse des mortels.

6. b : *La Légende de la mort* est un ouvrage étonnant, recueillant témoignages et histoires vraies. L'Ankou y est évoqué ainsi que l'enfer, le paradis, les esprits, les villes englouties ou encore les signes annonciateurs de la mort. Rédigés dans un style simple, ces courts récits se lisent aussi aisément qu'ils inquiètent.

7. b : Des scènes évoquant les chevaliers de la Table ronde habillent les murs et illustrent les vitraux de cette église au cachet unique, située en forêt de Brocéliande et consacrée au Saint-Graal. Les aventures de Merlin l'Enchanteur, du roi Arthur ou de Lancelot du Lac y sont magnifiquement mises en valeur.

8. b : C'est au Val sans Retour que la fée Morgane attirait ses amants et les enfermait dans un paradis imaginaire. Si tous les biens et tous les plaisirs leur étaient offerts, ils ne pouvaient s'échapper car un géant en bloquait l'entrée. Bravant ce cerbère, Lancelot du Lac mit fin à ces peurs chimériques et libéra les malheureuses victimes de Morgane.

9. b : Les korils sont de mystérieux nains qui hanteraient la lande de la « butte du chêne ». Quiconque perd son chemin, la nuit, en ces lieux se voit rapidement encerclé par ces gnomes qui entament alors une ronde effrénée.

10. c : Les *kannerezed noz* sont les lavandières de la nuit qui, entre le coucher et le lever du soleil, font la lessive des suaires. Elles se recrutent parmi les *anaons*, les âmes de l'au-delà qui attendent leur délivrance en travaillant. Il n'est pas rare que ces lavandières très particulières demandent de l'aide au passant. Si celui-ci reconnaît parmi elles une parente défunte, il doit s'abstenir de répondre car le malheureux qui toucherait le linge ne quitterait pas vivant le lavoir de la mort.

11. c : Des géants ayant établi là leur domaine y accumulèrent des milliers de rochers, transformant le site en un énorme chaos. Ces géants vivaient des épaves de bateaux qui s'échouaient sur la pointe tandis que les korrigans (des nains malfaisants) se cachaient sous l'amas de rochers. Une nuit de querelle, les nains parvinrent à attirer les géants dans les grottes, y mirent le feu et en bouchèrent les issues à l'aide d'énormes blocs, débarrassant ainsi les lieux de leurs malveillants occupants.

12. b : Les Bretons attribuaient des pouvoirs magiques aux objets et pierres trouvés autour des dolmens et dans les tombeaux qu'ils renfermaient. Ils se servaient de morceaux de colliers comme de talismans. Ainsi, les *mein kerun* (pierres de foudre) protégeaient-elles de l'orage et, surtout, assuraient le paradis à celui qui en ramassait une. Ces superstitions furent très vivement combattues par le clergé : quantité de mégalithes furent détruits et certains transformés en croix ou en sculptures chrétiennes.

13. c : Au nombre de neuf, ces prêtresses officiaient autour de l'île de Sein. Après avoir fait vœu de virginité, elles pouvaient, par leurs incantations, déchaîner les flots et déclencher les tempêtes. Elles savaient aussi prédire l'avenir ainsi que les conditions météorologiques. C'est pourquoi les navigateurs des environs ne manquaient jamais de les consulter avant de prendre la mer.

14. b : Cette allée couverte, longue de 19 mètres et large de 3 à 5 mètres, a fière allure. Il s'agit d'un dolmen à portique élevé au IIIe siècle avant Jésus-Christ. Il se compose d'un vestibule et de quatre chambres. Huit dalles pesant 40 tonnes chacune le recouvrent. Au total, 42 pierres composent cet ensemble remarquable.

15. a : Du haut de ses 6,5 mètres, le géant de Manio domine les autres menhirs du site de Carnac. Les menhirs (*men* signifie pierre et *hir*, longue) de grande taille se dressent sur la lande à côté d'exemplaires plus modestes. Ils forment ainsi des alignements impressionnants, tel celui du Ménec, à Carnac, composé de 1 099 menhirs répartis sur onze lignes de 1,165 km de longueur.

16. c : C'est à partir de 5 000 avant J.-C. que l'homme se sédentarisa en construisant des villages. Il maîtrisait l'élevage, la poterie et... le travail de la pierre. Les mégalithes sont la manifestation de croyances et de symboles. On sait que les dolmens avaient une vocation funéraire, comme des sépultures, et diverses offrandes y furent découvertes, sans que leur mystère soit encore totalement élucidé...

17. b : Un cromlech est un ensemble de menhirs disposés en cercle ou en demi-cercle. Les pierres dessinent ainsi un enclos dont la forme peut varier en fonction de la taille et du nombre des pierres. On peut en trouver jusqu'à 25 dans les ensembles les plus importants, tel celui de Kerlescan (à Carnac). Généralement circulaire, le plan d'enclos peut aussi être un quadrilatère comme à Crucuno, sur la commune d'Erdeven.

18. c : Considéré comme le chef-d'œuvre absolu de l'architecture mégalithique, cet immense amoncellement n'est accessible qu'en bateau car il se situe dans le golfe du Morbihan, en face de Larmor-Baden. D'une taille gigantesque (50 m de diamètre pour 6 m de haut), ce dolmen exceptionnel se compose d'une galerie longue de 14 m, couverte de 9 tables de granit, reposant sur 23 dalles peintes et sculptées d'arabesques menant à une chambre funéraire.

19. a : La christianisation de la Bretagne (avant l'an 1000) mit à bas d'innombrables pièces mégalithiques : Charlemagne, entre autres, ordonna la destruction de ces pierres vénérées par la population. Celles-ci furent remployées dans la construction. Il ne resterait que de 5 à 10 % des pierres levées... ce qui laisse imaginer à quel point la Bretagne en était couverte.

20. b : Qui sait si les landes de Lanvaux abritèrent jamais quelque colonie de singes ? Seules les pierres pourraient le certifier... en particulier les deux nommées Babouin et Babouine !

10. Quelques pas de danse

1. b : Pas de fest-noz sans danses du pays vannetais ! L'*hanter dro* consiste en une ronde tenue par la main, les hommes ayant les deux bras par-dessus ceux des femmes qu'ils encadrent. Son association avec l'*an dro*, autre danse forte du pays vannetais, donne naissance à la danse *tricot*. Ces danses sont traditionnellement accompagnées par un couple de sonneurs : bombarde et biniou coz.

2. b : Dans le pays blanc de Guérande, aux solides traditions, les paludiers qui travaillent à la récolte du sel ont leur danse. On distingue le rond paludier en lui-même du bal paludier qui correspond à une ballade en seize temps musicaux s'intégrant entre chaque rond. La danse se divise donc en deux parties, l'une tonique et l'autre plus calme, alternant « petits et grands pas ».

3. c : Henri IV aurait, dit-on, apprécié cette danse du passe-pied, pratiquée en Penthièvre (région de Lamballe, dans les Côtes-d'Armor) et dans le Finistère.

Cette ronde porte les noms des communes qui l'ont créée (*pach pi* de Pléneuf, de Pléboulle, de Plaintel) ; il s'agit d'une ronde tenue par la main menée au rythme soutenu d'environ 120 pas par minute. Le *pach pi* prend toute sa dimension lorsqu'il est accompagné par les anciens instruments locaux comme la vielle ou le violon.

4. a : *Kendalc'h et War'l Leur* sont des confédérations qui coordonnent les activités des associations exerçant dans les domaines de la danse et du chant en langue bretonne. Issues d'une base commune fondée en 1950, *Kendalc'h* (qui se traduit par « préserver ») et *War'l Leur* (qui signifie « sur l'aire à battre ») sont divisées en fédérations départementales permettant d'inclure des régions extérieures à la Bretagne. Ces fédérations travaillent à la formation des danseurs et à l'organisation des concours.

5. b : Classés en cinq catégories, les cercles présentent leurs chorégraphies dans les championnats et concours. Le cercle de la pittoresque commune de Spézet, créé en 1948, est l'un des plus représentatifs de Bretagne. Ses cinquante danseurs et leurs musiciens expriment également la tradition par leurs magnifiques costumes de style Lalaisse, Poher ou Dardoup au cachet incomparable.

6. a : L'élégante gavotte, appelée aussi *dans tro* (« danse qui fait le tour »), se danse en ronde fermée, chaîne longue, en couple ou en quadrille. Sautillante lorsqu'elle vient des montagnes, elle est accompagnée de sauts en pays Pourlet et se fait plus gracieuse encore dans la région de Pont-Aven. Elle se compose traditionnellement d'une gavotte ton simple suivie d'un *tamm kreizh* (« temps du milieu »), d'un bal ou d'un *tamm diskuizh* (« temps de repos ») puis d'une gavotte ton double.

7. b : En Bretagne rurale, l'entraide fut toujours primordiale, notamment pour les travaux agricoles qui se concluaient par d'interminables soirées. La danse n'était cependant pas exclusivement une réjouissance puisque l'on profitait du martèlement des sabots pour aplanir et tasser la terre du sol des maisons ou de l'aire neuve extérieure (*ad leur nevez*). Au rythme d'un couple de sonneurs, la fête ne faisait que commencer...

8. c : Originaire du pays vannetais, le *kas a barth* se pratique en cortège de couples. L'homme mène la danse, faisant évoluer la femme suivant une courbe en forme de huit. C'est également l'homme qui « envoie » la femme, tout en l'accompagnant, au centre ou à l'intérieur de la forme ainsi créée.

9. a : Rendez-vous incontournable de la culture populaire bretonne, ce festival se déroule chaque année à Bourbriac en Centre-Bretagne. Le 15 août, sonneurs et danseurs se retrouvent dans ce pays Fanch où la *dans tro plinn* est reine. Issue de la famille des ronds de Loudéac (implantée de l'autre côté de la frontière linguistique), cette danse se déploie pieds serrés sur un rythme régulier et lent.

10. b : Le *jabadao* a d'abord souffert de sa mise à l'écart par l'Église qui y voyait l'expression d'un rite sabbatique. Il fut même condamné à la clandestinité sous l'Ancien Régime. Il s'agit d'un temps précis de certaines danses bretonnes pouvant être placé dans une gavotte, par exemple. Cette suite de figures se présente sous diverses formes selon les terroirs (bigouden, glazig) ou les communes (*mod Pont-Aven*, *mod Skaër*).

11. a : La dérobée est représentative de la ville de Guingamp. Elle est née de la figure dite « des ailes du papillon » qui permet à des danseurs de s'intercaler dans la file et donc de « dérober » une cavalière en décalant les couples. Formée d'un cortège de huit couples, la dérobée de Guingamp est une suite régulièrement chorégraphiée par les cercles celtiques.

12. b : Le *piler lann* est une danse du pays de Léon, pratiquée dans une zone allant des côtes nord du Finistère aux monts d'Arrée. Elle est dite « danse de l'aire neuve » ou « danse des pileurs d'ajoncs ». Si le pas des danseuses est sobre et feutré, celui des danseurs est beaucoup plus marqué et accompagné d'amples mouvements de bras.

13. c : Le nom de cette danse, qui se traduit par « pays à côté du bois », fait référence à la petite société rurale qui la pratiquait. Le *kost er hoet* est composé de pas croisés-emboîtés, secs et nerveux. L'ensemble est souple et bondissant.

14. b : Le bal est une danse typique de Haute-Bretagne qui a peu à peu remplacé les danses anciennes. Il consiste en un cortège organisé, danseurs côte à côte, suivant une évolution gracieuse et régulière. Pour d'autres danses de couples, comme la polka piquée ou la gigouillette, le cortège laisse place à une évolution libre des danseurs.

15. b : Le *Trihory de Bretagne* peut être, historiquement, considéré comme le fondement de la danse bretonne. Cette œuvre de 1588, retranscrite par le chanoine Jehan Tabourot, décrit une chorégraphie qui passe pour être l'ancêtre de la gavotte en Basse-Bretagne. Le *tri c'hoari* (trois jeux) correspond, en effet, au découpage de la gavotte : ton simple, bal ou promenade, ton double.

16. c : Cette scottish serait-elle une danse européenne ? Son développement peut le laisser croire. Introduite au XIXe siècle en Angleterre sous le nom de *German polka*, elle n'a pourtant aucun rapport avec l'Écosse. Elle fit ses premiers pas en France, puis en Bretagne, au début du XXe siècle. Des couples tournent sur eux-mêmes dans le sens des aiguilles d'une montre tandis qu'un autre cortège évolue dans le sens inverse.

17. b : À chaque occasion, sa danse. Un mariage durait plusieurs jours et pouvait réunir jusqu'à deux mille convives. Il était ouvert par la gavotte d'honneur (*dans an eured*) réservée aux mariés et à leurs proches. Suivait la danse du bouquet (*dans ar boked*). Commencées sur la place de l'église, ces danses se transportaient ensuite de café en café au son des instruments.

18. b : La gavotte Fisel, qui correspondait à la danse du tabac (*dans ar butun*), est associée à la récompense jadis accordée à l'issue des concours. Cette danse est à la fois technique et fort spectaculaire car les hommes doivent envoyer très rapidement les pieds en arrière pour se frapper les fesses de leurs talons.

19. a : À la fin du XIXe siècle, les loups erraient encore à travers landes et forêts. La *dans ar bleiz* avait pour objectif de les faire fuir. Juchés sur une grande pierre plate, les danseurs marquaient des appuis très secs, produisant le plus grand bruit, dit tambour au pied et ressemblant effectivement à un roulement de tambour.

20. **c** : La Trompeuse appartient à la famille des quadrilles. Si les en-avant-deux sont très populaires dans les pays de Rance ou de Penthièvre, la Trompeuse de Dinan présente la particularité d'être fortement rythmée par les musiciens, qui en accélèrent ou ralentissent la cadence, essayant ainsi de surprendre – de tromper – les danseurs.

11. Musique et chants

1. **b** : En Bretagne, le chant s'inscrit dans une longue histoire. Le *kan ha diskan* (chant et reprise de chant) permet à deux ou trois chanteurs de venir à bout de longs récits, dont certains peuvent atteindre jusqu'à cent couplets ! Célébré par les sœurs Goadec ou les frères Morvan, le *kan ha diskan* est indissociable du fest-noz.

2. **c** : La renaissance du bagad musical date des années 1950 et la musique bretonne, dans son ensemble, connut dans les années 1970 une période particulièrement créative. Alan Stivell fut le pionnier de ce *celtic revival*. Qui a oublié sa merveilleuse harpe celtique ?

3. **b** : Originaire de la région nantaise, le groupe Tri Yann (les Trois Jean) conjugue sa discographie à tous les temps. Textes traditionnels et instruments celtiques et médiévaux témoignent du respect que le groupe porte au passé. Ce qui ne l'empêche pas d'avoir su, aussi, faire fusionner son répertoire avec les musiques d'aujourd'hui.

4. **a** : La *gwerz* est une complainte aux tonalités tragiques. Le *kannen* (cantique) est un chant religieux, le *sône* un chant vif et enjoué qui évoque la vie quotidienne ou narre une aventure amoureuse, parfois sur un mode satirique.

5. **b** : Les sonneurs, jadis perchés sur une barrique de cidre, animent depuis longtemps noces, foires ou fest-noz. La bombarde est alors accompagnée d'un biniou à un seul bourdon, appelé *biniou coz* (ancien) ou *biniou bihan* (petit). Avec un son aigrelet et un dynamisme particulier, il reprend inlassablement, pour le bonheur des danseurs, les phrases jouées par la bombarde.

6. c : Appelée à l'origine chalémie ou chalumeau, la bombarde est un instrument de la famille des hautbois, qui a trouvé sa terre d'élection en Bretagne. Si, de nos jours, la bombarde des bagadou est en ébène, elle était autrefois tirée des essences locales : parfois en poirier, c'est surtout en buis qu'elle fut longtemps fabriquée.

7. c : La bombarde est un instrument à vent dans lequel l'air est propulsé grâce à une anche en roseau, particulièrement fragile, composée de deux lamelles serrées sur un petit tube en acier. De sa souplesse ou de sa dureté, de sa position sur l'instrument et de la façon dont l'air est soufflé par le *talabarder* (sonneur de bombarde) dépend l'accord avec les autres instruments.

8. b : Cousine de la cornemuse écossaise des Highlands, la cornemuse bretonne (*biniou braz*) est associée, lors des défilés, aux bombardes et aux percussions. Trois bourdons, dont le réglage et le démarrage exigent une pratique régulière, donnent au son une grande ampleur.

9. b : Le principe de la cornemuse permet de jouer continuellement grâce à une réserve d'air située dans une poche régulièrement alimentée par le souffle du *biniawer* (sonneur). Sur cette cornemuse à trois bourdons, les notes sont jouées sur le lévriard. Le nombre de paramètres à maîtriser (air, notes, démarrage des bourdons, suivi du rythme) suffit à évoquer la difficulté de l'apprentissage de cet instrument.

10. b : Le *penn* sonneur (sonneur de tête) garantit l'harmonie d'un bagad. Joueur de cornemuse ou de bombarde, il est chargé de démarrer les morceaux et de donner le signal de fin. Il coordonne aussi la prestation des trois pupitres (cornemuses, bombarde et percussions)... tout en jouant de son propre instrument. Si les regards des sonneurs ne le quittent pas, les oreilles du *penn* sonneur sont en permanence à l'écoute de l'ensemble.

11. c : La naissance des bagadou est relativement récente car elle ne remonte qu'au milieu du XXe siècle. C'est en 1943 que naquit la *Bodadeg ar sonerion* (*BAS*), véritable assemblée des sonneurs. Elle fédéra peu à peu les bagadou et joua un rôle essentiel dans leur développement.

12. a : Pour un bagad, appelé aussi *kevrenn*, le classement (de la première à la cinquième catégorie) est un objectif essentiel. Travail et, désormais, créativité sont de rigueur toute l'année pour défendre son rang lors des concours et autres championnats, voire atteindre la catégorie supérieure. Le bagad de Lann-Bihoué ne connaît pas les mêmes contraintes puisque cet ensemble militaire se trouve *ipso facto* hors classement.

13. c : Les bagadou, de taille et d'ambitions différentes, représentent des localités bien précises. Certaines villes, comme Quimper, possèdent même plusieurs formations qui correspondent à différents quartiers. Mais il n'est pas qu'en Bretagne qu'on trouve de pareils ensembles : sous le soleil de la Guadeloupe, le bagad Karukera démontre que cette musique a su traverser les mers.

14. a : C'est en 1971 qu'une poignée d'amoureux de la musique bretonne lança ce festival qui sut grandir avec sagesse pour devenir la grand-messe de la celtitude où sont présentées toutes les facettes de la musique celte. Lorient vit ainsi, au cœur de l'été, au rythme des cornemuses et des bombardes et se transforme, chaque soir, en un fest-noz géant. Chaque année, une nation celte est mise à l'honneur dans une ambiance de fête et de partage culturel.

15. c : D'un apprentissage difficile, l'accordéon diatonique accompagnait, à la fin du XIXe siècle, les danses en couple. Il subit alors les attaques de l'Église qui voyait en lui la *boest an diaoul*, la boîte du diable, car il favorisait un dangereux rapprochement des corps. De nos jours, il a retrouvé une place de choix dans la musique bretonne.

16. b : La veuze faillit bien disparaître dans les années 1950 et il fallut l'acharnement des musiciens de Haute-Bretagne pour lui redonner sa place d'antan. Elle réapparaît de nos jours en apportant, grâce à la taille particulière de son bourdon et de son chalumeau, une sonorité très différente de celle du biniou.

17. a : Depuis plus de vingt ans, Didier Squiban enchante l'univers musical breton. Ses compositions, qui évoquent Molène et la Bretagne Nord, empruntent aux univers de la musique traditionnelle, du jazz et de la musique classique et offrent des tableaux musicaux intimistes ou symphoniques. Il rejoint ainsi sur la scène